猎头高情商沟通实务

杨紫铭 著

北京大学出版社
PEKING UNIVERSITY PRESS

内 容 提 要

本书是由高端专业猎头服务机构 Selegate 创始人杨紫铭所写的一本顾问式猎头实践话术指南。本书结合作者 20 多年的猎头从业经验,围绕客户开发、客户对接、客户需求分析、候选人访寻、候选人面试评估、候选人跟踪等猎头核心服务流程,结合有关心理学和传统文化知识,进行全方位的话术分享,为猎头顾问提供保姆式的沟通艺术和技巧。

另外,本书针对猎头的核心技能如行业赛道转型、深入 Mapping 等,高度提炼了相关工具模型和方法论,为猎头话术奠定了逻辑框架和支撑点。

图书在版编目(CIP)数据

猎头高情商沟通实务 / 杨紫铭著. -- 北京:北京大学出版社,2024.7. -- ISBN 978-7-301-35298-4

Ⅰ.F241-05

中国国家版本馆 CIP 数据核字第 2024B984E0 号

书　　　名	猎头高情商沟通实务
	LIETOU GAOQINGSHANG GOUTONG SHIWU
著作责任者	杨紫铭　著
责任编辑	王继伟　刘　倩
标准书号	ISBN 978-7-301-35298-4
出版发行	北京大学出版社
地　　　址	北京市海淀区成府路205号　100871
网　　　址	http://www.pup.cn　　新浪微博:@北京大学出版社
电子邮箱	编辑部 pup7@pup.cn　总编室 zpup@pup.cn
电　　　话	邮购部 010-62752015　发行部 010-62750672　编辑部 010-62570390
印 刷 者	河北博文科技印务有限公司
经 销 者	新华书店
	880毫米×1230毫米　32开本　6.5印张　155千字
	2024年7月第1版　2024年7月第1次印刷
印　　　数	1-4000 册
定　　　价	49.00 元

未经许可,不得以任何方式复制或抄袭本书之部分或全部内容。
版权所有,侵权必究
举报电话:010-62752024　电子邮箱:fd@pup.cn
图书如有印装质量问题,请与出版部联系,电话:010-62756370

前言

20 年前，我离开了国企做猎头

时光飞逝，转眼间，我从事猎头职业，创办猎头公司，已经有 20 年了。

20 年，对于一家公司意味着什么呢？每位创业者对于成功的定义都不一样，但商界对企业的成功标准还是有基本共识的，那就是"持续发展"，也就是一直活下去，活得越久，说明企业越成功。

曾有机构调查统计，中国的中小企业平均寿命不到三年，集团企业的平均寿命也就在七八年左右。从这个角度来看，我们公司能走到今天，而且还在向上生长，依旧保持着旺盛的生命力，真的非常不容易，尤其是对于一家猎头公司来讲，更加不容易。

回顾过往的 20 年，可谓风雨兼程。一路走来，有成功，也有失败；有快乐，也有痛苦；有失去，也有收获；尝遍了酸甜苦辣。令我倍感自豪的是，这些年尽管经历诸多变故，几经沉浮，但我对猎头事业的坚守与信心始终不变，一如当初从体制内出来时那般笃定和澎湃。

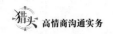

扔掉"铁饭碗",至今毫不后悔

20多年前,怀着"为祖国航天事业奋斗终身"的豪情壮志,带着母亲的一句"好好干,别干下岗"的嘱托,我从北方美丽的春城长春来到了北京的中国运载火箭技术研究院。

作为机关第一个管理专业科班毕业生,再加上自身的勤奋和好学,我的职业生涯开局走得非常顺利。

从政治部干事到生产调度处东风导弹某型号主管,同时兼任某重要型号生产任务的总经理特别助理,再到公司企业形象建设组成员之一,我在不到一年的时间里就迅速得到了公司管理层的一致认可。

在不少同事眼里,我的前途一片光明。但在工作的一年后,我做出了一个令周围很多人咋舌的决定:辞职。

当时,除了公司的几位领导,周末也有不少同事来家里做我的思想工作。在他们看来,我应该是一时冲动而已,因为我根本没有辞职的理由。但我这个人向来比较犟,认定的事都会坚持到底。无论领导、同事们如何劝说挽留,我最终还是决定离开,瞒着母亲交了几万元的违约金,便辞职了。

在那个年代,离职真的需要很大的勇气。一是我的工作稳定,属于真正意义上的"铁饭碗",而且待遇也不错;二是我当时的上升空间很大,未来可期,这也是周围人感到惊讶和不解的主要原因。

但我并不为此感到后悔和遗憾,因为我如今走的这条路,同样也很精彩。人生就是这样,每段路都有不同的风景,选择往往没有对错。

猎头创业，是偶然中的必然

从体制内出来后，我经历了一段漂泊期，那段日子确实有些迷茫。

短短三年时间，我就换了三家公司，从外资企业到民营企业，再到咨询公司。在这期间，也换了两份职业，做过人力资源，也做过咨询顾问。直至三年后的某一天，我接到一位猎头的电话，这次"被猎"的经历，让我一下子找到了职业的方向，就此一脚进入了猎头行业。

一年后，带着公司"最佳新人顾问"和"百万顾问"的荣誉，我开始了创业生涯。从北京国贸的建外 SOHO 第一间办公室装修、办公家具购置，到办理各种手续，我的草根猎头创业生涯正式拉开了帷幕。

现在回头来看，我最终进入猎头行业，并且走上了猎头创业之路，实属偶然中的必然。

之所以说偶然，有两个原因：一是从最初的大型国企到如今的猎头公司的职业跨度极大，机会成本高昂，这种转变少之又少；二是如果没有那通猎头电话，没有那次"被猎"的经历，或许我至今仍与猎头行业无缘。

那为什么又说是必然呢？

首先，我拥有一颗不将就的心，如果不是自己喜欢的工作，哪怕薪资待遇再好，上升空间再大，前途再美好，我也不想干。其次，就是对猎头这份职业的喜欢，使我能够认识更多优秀的人，帮助客户找到理想的人才，帮助候选人找到更大的职业发展机会。猎头工作的这些特质非常吸引我。

为此，不管在职业生涯的任何阶段接触到猎头，我都会义无反顾地

进入这行,这就是我所说的必然,也是我能够在这行深耕20年的主要原因。

这些年,我是怎么走过来的

在社交平台分享从业经历的这几年里,认识了很多读者。不少人很好奇,猎头创业的这些年,我是怎么走过来的,我们公司又为什么能走到今天?毕竟正如前面所言,一家猎头公司能活20年,且还在向上生长,是非常不容易的。

回顾走过的路,我将这20年分为四个阶段:生存期、发展期、调整期、重启期。

1. 生存期:简单无风险(2004—2008年)

创业之初,一穷二白,我扮演着典型的大销售角色,全面负责客户开发、客户对接、候选人访寻、沟通面试等全流程业务,大部分的工作是围绕做业务、收回款、交房租、发工资。在这五年中,主要还是业务和经验的积累、夯实,通过一笔笔业务不断提升自己的专业技能,同时加强流程管理等各方面的技能。

这期间,公司赶上了大多数创业者难忘的2008年全球金融危机,这次席卷全球的金融危机给很多行业带来了史无前例的重创。由于我们公司当时定位于服务以四大会计师事务所和咨询公司为主的金融,以及外资制造、外资汽车零部件、消费品等几大传统行业,而且与这些客户建立了紧密的合作关系,所以,公司所受影响相对较小。

2.发展期：挑战与机遇并存（2008—2016年）

每一次危机背后，往往都藏着机会。历经2008年全球金融危机的洗礼，将我从沉迷于大顾问的角色中拉了出来，开始考虑公司的未来，做大做强的想法非常强烈。

就此，公司进入了第二个阶段：发展期，开始向全国、各个领域扩张，朝集团化的方向去发展。

3.调整期：业务战略的重新定位（2017—2020年）

这个世界唯一不变的，就是一直在变化。我再次对公司未来进行了深入思考：到底是继续坚持规模化发展，还是走"专、精、尖"的小而美路线。

一直以来，我信奉这样一句话：变革短期是痛苦的，但不变则会一直痛苦下去。最终，我结合自己当初创办公司的初衷，对高端咨询猎头的向往以及市场环境因素的综合考量，进行了公司战略的升级、运营管理的创新，将公司未来发展定位为成为中等规模的科技型猎头公司，走"专业、专注、高端"的路线。

4.重启期：开启公司及个人下半场的精彩旅行(2020—未来)

一位哲人说过，反哺是成为一个更好的人的过程。在过去十几年里，猎头行业给了我向上生长的土壤，滋养着我，给予了我很多。从2020年开始，我能明显感觉到自己变得更有分享欲，更有使命感，已经不单单想把自己的公司做好，更希望整个猎头行业的从业人员、企业，都能有更好的出路，希望为行业的发展添砖加瓦，贡献一份力量。

所以，我开始研究如何更好地分享这些年的从业经验、心得感悟。

这些年，我除了专注猎头本身技能的提升和研究外，还总结出了一整套颇为系统、完善的方法论以及实操流程，也一直致力于探索中国传统文化儒、释、道，心理学知识，鉴人识人技能等与猎头业务的结合。

于是，我就在公众号、知乎、知识星球等平台坚持分享，持续输出内容。很幸运，几年时间收获了一大批忠实的读者和猎头同行。在长期的沟通交流，以及诸多的咨询中，我发现大家对各业务场景下的话术非常感兴趣。

这很正常，话术对猎头工作的重要性不言而喻。毕竟猎头做的是人的生意，服务的对象通常都是优质大型企业和中高端职场人才，与这些群体打交道，沟通能力是必须具备的。而良好的沟通能力，除了真诚之外，往往又建立在话术技巧之上。同样的问题，采用不同的话术，结果很可能有很大的不同。

我相信，无论是对于刚进入猎头行业的新人，还是已经从事猎头行业多年的资深老猎头，在实践中有一本实用的话术大全在手，随时解决各种业务场景中遇到的问题，还是很重要且必要的。

目录

第1章 AI 新生代，为猎头赋能　001

1.1　AIGC 技术赋能猎头行业的底层逻辑　002

1.2　AI 大模型在猎头行业的应用场景　007

1.3　AI 模型在不同话术场景下的应用与解析　014

1.4　AI 大模型应用的注意事项　019

第2章 行业赛道定位　021

2.1　哪些行业更有"钱"景　022

2.2　SWOT 猎头公司决策模型——精准定位行业赛道　027

2.3　PIRL 猎头顾问选择模型——猎头顾问精准定位行业赛道　029

第3章 客户开发各流程阶段话术　032

3.1　猎头服务全流程脑图　033

3.2　确定目标公司的实战话术　036

3.3　确定客户岗位需求的实战话术　043

3.4　确定关键联系人信息的话术　046

3.5　客户开发开场白沟通话术　052

3.6　客户后期跟进技巧与话术　057

第 4 章 客户对接的八爪鱼模型及话术　062

- 4.1　如何更好地对接客户？　063
- 4.2　八爪鱼模型　068
- 4.3　八爪鱼模型案例解析　091

第 5 章 客户需求分析方法及话术　095

- 5.1　客户需求分析的内容构成要素　096
- 5.2　客户需求分析的 8 个主要渠道　098
- 5.3　通过 HR 与业务部门负责人获取信息　101
- 5.4　通过 HR 与候选人了解岗位需求　106

第 6 章 深入 Mapping 的经典话术　111

- 6.1　什么是深入 Mapping？　112
- 6.2　猎头为什么必须做深入 Mapping？　115
- 6.3　深入 Mapping：1 拖 N 之 "46 工作法"　117

第 7 章 候选人面试评估实战话术　144

- 7.1　猎头面试候选人与企业面试候选人的 4 点不同　145
- 7.2　与候选人初次沟通时，猎头的开场白话术　147
- 7.3　候选人沟通意愿不强时，猎头的应对话术有哪些？　152
- 7.4　候选人面试评估的 "5 对标" 与 "10 沟通"　155
- 7.5　猎头顾问与候选人沟通的 3 大经典场景　157

第8章 候选人试用期跟踪全流程及话术　161

8.1 导致候选人试用期离职的 8 个因素　162

8.2 候选人被外部工作机会诱惑时，猎头顾问应该怎么说？　168

8.3 候选人离职交接时，猎头顾问应该怎么说？　170

8.4 候选人遇到领导挽留，猎头顾问应该怎么说？　172

8.5 中高端人才离职的"232 现象"及"136 现象"　174

第9章 与候选人沟通过程中的 4 个关键场景话术　179

9.1 话术场景 1：关于候选人薪酬沟通的话术　180

9.2 话术场景 2：关于客户薪酬沟通的话术　183

9.3 话术场景 3：候选人拒绝 offer 的沟通话术　186

9.4 话术场景 4：与客户沟通 offer 的话术　189

第 1 章

AI 新生代，为猎头赋能

如今，人工智能（Artificial Intelligence，AI，以下简称 AI）模型已经在很多行业引发了革命性的变化，猎头行业的从业者同样需要密切关注这一趋势。

AI 在猎头行业应用广泛，包括候选人搜寻、筛选和匹配等诸多方面。本章只是简单介绍一下 AI 模型在猎头话术方面的应用，建议行业从业者更深入地探索如何利用 AI 帮助自己提升工作效率。

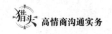

1.1 AIGC 技术赋能猎头行业的底层逻辑

AIGC 的全称是 Artificial Intelligence Generated Content，意为生成式人工智能，是指利用 AI 技术来生成文字、图像、音频、视频等内容，被视为 AI 从 1.0 时代进入 2.0 时代的重要标志。

在过去的一年里，AIGC 的发展速度非常惊人，其技术的成熟、强大，令不少行业的从业者为之惊叹，也刷新了人们对 AI 的认知。

美国北密歇根大学的一位哲学教授，收到了一份班级中最好的论文，结果发现这篇论文竟然是用 AI 语言处理工具 ChatGPT 写的；美国一名游戏设计师，用 AI 绘图工具 Midjourney 创作了一幅名为《太空歌剧院》的画作，并在美国科罗拉多州博览会的艺术比赛中获得第一名。

这些 AIGC 技术应用的知名案例使 AIGC 受到了广泛的关注。

而在现有的诸多 AIGC 工具中，又以 ChatGPT 最具代表性，表现最为亮眼。微软公司创始人比尔·盖茨（Bill Gates）在接受媒体采访时表示，ChatGPT 的重要性不亚于互联网的发明。如今，国内的文心一言、讯飞星火等 AI 大模型也表现出很强的竞争力，尤其是针对猎头行业，使用效果更好，因此本书将主要使用这两款 AI 软件。

自 AI 大模型问世以来，我一直在研究如何将这款强大的应用工具与猎头的业务场景相结合。经过几个月的摸索，我感觉收获颇丰。我越发相信，AIGC 技术将重新构建猎头行业的竞争格局，不仅能重塑猎头顾问的价值，更能凸显猎头行业在连接和服务方面的独特价值。

为什么会有这样的感受和判断？

因为从实际操作的角度讲，AI 大模型完全可以代替部分基础性猎头工作，与猎头顾问建立良好的伙伴式工作关系。将猎头顾问从琐碎的工作中解放出来，从事真正有创造力、有"灵魂"的工作，从而大大提升猎头的工作效率，节省猎企的人工成本，达到收益最大化。

换句话说，能否运用AIGC技术来辅助猎头工作，将成为衡量猎头顾问以及猎企层级的一个重要标准。而这也是我认为AIGC技术将重新构建猎头行业竞争格局的原因。

众所周知，作为一名顾问式猎头，通常需要具备**专业力、服务力、咨询力、价值输出力、商业思维力**，这五大核心能力直接决定着猎头顾问的业绩。如今，在AI大模型的加持下，猎头顾问将能投入更多的时间和精力来提升这五大核心能力，而那些基础的执行工作、信息搜索工作则可以交给AIGC来完成。

那么，如何利用AI大模型辅助猎头工作呢？

以了解客户公司情况为例，这是猎头工作诸多环节中一项非常基础的工作。

当我们想了解客户公司"小马智行"的企业信息时，传统的方式是通过百度等搜索引擎搜索。

通过这种搜索方式当然也能获取企业的信息，但往往不够精准、简练，很多时候仍需要我们自己去筛选、总结。而如果使用AI大模型来搜索，就能快速获取优化后的客户公司信息。

> **我的输入：** 小马智行

> **文心一言：**
> 　　小马智行（Pony.ai）成立于2016年底，由彭军和楼天城共同创立，是全球首家在中美均推出自动驾驶出行服务（Robotaxi）的公司，总部设在广州，并在中国和美国设立了多个研发中心，并获得中美多地自动驾驶测试、运营资质与牌照。凭借AI技术领域的最新突破，已与丰田、现代、

一汽、广汽等车厂建立合作。2022 年 3 月 7 日，小马智行宣布完成 D 轮融资首次交割，整体估值达 85 亿美元。

从上述对答场景可以看到，文心一言回复的内容既精简又不失全面，详细列出了公司的成立时间、创始人、核心产品、总部、合作伙伴、融资情况、公司估值等信息。

而 AI 大模型能做的远远不止这些。接下来只要提出更加详细的需求，就可以获得更进一步的答案。比如，想具体了解公司的产品及业务情况，输入相关的需求指令后，很快就会得到比较系统的答案。

我的输入： 我是一名猎头顾问，我想了解下小马智行的具体产品和业务情况。

文心一言：

小马智行的具体产品和业务情况如下。

1. 自动驾驶出行服务：小马智行在 2018 年 12 月率先推出自动驾驶出行服务，乘客可以通过 PonyPilot+ App 召唤自动驾驶汽车。这项服务已在广州、北京、上海、深圳等城市开通。

2. 自动驾驶卡车：小马智行已经在国内多地开启自动驾驶卡车的物流货运，并在复杂多样的道路类型、天气情况、交通状况下进行测试和运营。

3. 自动驾驶乘用车：小马智行基于"虚拟司机"核心技术，已布局自动驾驶出行服务、自动驾驶卡车、自动驾驶乘用车三大业务。在自动驾驶乘用车领域，小马智行已与丰田、现代、一汽、广汽等车厂建立合作。

4. 自动驾驶技术研发：小马智行拥有业内领先的全栈式软件、硬件研发能力，不断迈向自动驾驶技术无人化和应用规模化。

如果想对其中的某个业务板块再做进一步了解，比如自动驾驶技术，只需要在之前的提示词上进行追问和微调即可。

> **我的输入：** 小马智行的自动驾驶出行服务有哪些优势？

文心一言：

小马智行的自动驾驶出行服务具有以下优势。

1. 高效节能：自动驾驶汽车通过优化行驶路径和速度，能够节省时间和能源，提高出行效率。

2. 减少事故：自动驾驶汽车通过传感器和计算机视觉技术，能够实时感知周围环境，避免人为因素导致的事故，提高出行安全性。

3. 提高舒适度：自动驾驶汽车能够实现平稳、舒适地行驶，减少驾驶者的疲劳和不适感，提高出行舒适度。

4. 适应性强：自动驾驶汽车能够适应不同的道路类型、交通状况和天气条件，提供更加便捷、灵活的出行服务。

5. 降低成本：自动驾驶汽车能够通过自动化和智能化技术，降低人力成本和运营成本，提高出行经济性。

关于客户公司的信息，常规的信息还有公司的组织架构及核心业务架构等，都可以直接输入相关需求去查询。

> **我的输入：** 我是一名猎头顾问，我想了解小马智行的组织架构及核心业务架构。

文心一言：

小马智行的组织架构及核心业务架构如下。

组织架构：小马智行按照业务领域和地区划分了多个部门，包括自动驾驶出行服务、自动驾驶卡车、自动驾驶乘用车等业务部门，以及研发、市场、运营等职能部门。各部门之间保持紧密合作，以推动业务发展。

核心业务架构：小马智行的核心业务架构主要围绕自动驾驶技术展开，包括自动驾驶出行服务、自动驾驶卡车和自动驾驶乘用车等。

在自动驾驶出行服务方面，小马智行建立了 PonyPilot+ App 平台，提供自动驾驶出行服务。该平台与自动驾驶车辆相结合，实现了安全、高

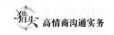

效、舒适的出行体验。

在自动驾驶卡车方面,小马智行利用自动驾驶技术,为物流行业提供自动驾驶卡车服务。通过在复杂多样的道路类型、天气情况、交通状况下进行测试和运营,小马智行已经积累了丰富的经验和技术。

在自动驾驶乘用车方面,小马智行与丰田、现代、一汽、广汽等车厂建立合作,将自动驾驶技术应用于乘用车领域。通过不断研发和创新,小马智行致力于提高自动驾驶乘用车的效率和安全性。

此外,小马智行还拥有业内领先的全栈式软件、硬件研发能力,不断迈向自动驾驶技术无人化和应用规模化。公司已在北京、广州、上海、深圳设立研发中心,并获得中美多地自动驾驶测试、运营资质与牌照。

总的来说,小马智行的组织架构及核心业务架构紧密结合,形成了具有竞争力的自动驾驶技术研发和应用体系。

接下来,我们进一步了解小马智行公司的企业文化。

> **我的输入:** 我想了解小马智行公司的企业文化及价值观。

文心一言:

小马智行的企业文化及价值观如下。

企业文化: 小马智行的企业文化以创新、激情、合作、责任为核心。公司鼓励员工不断探索、创新,追求卓越,以实现自动驾驶技术的突破和进步。同时,公司注重团队合作,鼓励员工之间互相支持、协作,共同推动公司的发展。

价值观: 小马智行的价值观如下。

创新: 公司鼓励员工不断尝试新的思路和方法,追求卓越,推动自动驾驶技术的创新和发展。

激情: 公司鼓励员工对工作充满热情和动力,积极投入自动驾驶技术的研发和应用。

合作: 公司注重团队合作,鼓励员工之间互相支持、协作,共同推动公司的发展。

> 责任：公司对员工、客户和社会负责，致力于提供安全、高效、环保的自动驾驶出行服务。
>
> 总的来说，小马智行的企业文化和价值观体现了公司在自动驾驶领域的追求和创新精神，以及对员工、客户和社会的责任感。这些价值观在小马智行的日常运营和决策中发挥着重要作用。

最终，关于小马智行的企业信息基本就出来了。以上就是通过AIGC技术辅助猎头了解客户公司信息的一些操作，可以非常直观地看到，AI大模型有着较强的自动化生产属性，会根据用户的需求指令，进行高质量的回答，这是颠覆原有搜索引擎的重大革新。

实际上，用AIGC技术辅助猎头工作，无论哪个场景和环节，具体的操作步骤都无外乎三步，简称"三步法"。

第一步：根据标准指令对AI进行信息"投喂"及提问。

第二步：根据个人特殊情况进行追问或者微调。

第三步：语言风格等润色。

本书按猎头工作的8个一级流程、32个二级流程、常见工作场景，对AI模型在猎头工作场景中的运用，进行保姆级实操分享，帮助各位读者高效运用模型，使AIGC技术在猎头工作中发挥出最大的效能。

1.2 AI大模型在猎头行业的应用场景

猎头的业务场景虽然繁多且复杂，但AI大模型几乎能够覆盖所有场景下的工作需求。这些应用场景大致可以划分为以下四大类：**沟通话术类、信息资讯类、知识内容类和专业技能类**。

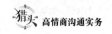

1. 沟通话术类

猎头是一项频繁与人打交道的工作，在客户与候选人之间发挥着中间人的作用，需要同双方进行有效沟通，所以沟通能力是猎头从业者必备的一项底层技能。

良好的沟通能力，除了真诚以及专业性之外，沟通技巧和话术也是很重要的部分。换句话说，业务上的沟通是有套路和公式的。而在这一点上，AI 大模型有着不俗的表现。

接下来我们以一个具体案例为例，让文心一言帮助我们生成相应的话术。

> **我的输入：** 我是一名猎头顾问，第一次给候选人打电话的时候，开场白应该怎么说？

文心一言：

当您第一次给候选人打电话的时候，开场白是非常重要的。以下是一些建议，可以帮助您给候选人留下良好的第一印象并吸引其兴趣。

1. 直接表明来意

"您好，我是 ×× 猎头公司的顾问，我注意到您在 ×× 领域有丰富的经验，我想与您沟通一个工作机会。"

2. 强调您的专业性

"我了解到您在 ×× 领域具备扎实的专业知识和丰富的经验。作为猎头顾问，我与许多行业领先的公司合作过，可以为您推荐一些与您的背景和能力相匹配的职位。"

3. 提及共同的联系人或合作伙伴

"我与您的朋友（或以前的同事、其他猎头公司）合作过，他/她向我推荐了您。我认为您在 ×× 领域的专业技能和经验非常适合这个职位，我想与您进一步探讨一下。"

4. 针对候选人的兴趣和背景设计个性化开场白

"我注意到您在过去的职业生涯中取得了许多成就，特别是在××领域。我了解到您在××方面有非常专业的技能和经验。我们正在寻找具有××背景和经验的候选人，我认为您非常适合这个职位。"

无论你选择哪种开场白，都要注意表达清晰、礼貌、热情和专业化。确保候选人感受到你的诚意和对他们兴趣的关注。同时，准备好回答候选人的问题并展示你的专业知识，以帮助他们了解更多关于职位的信息并建立信任关系。

2. 信息资讯类

猎头每天要处理大量的信息工作。据统计，这部分内容大约占猎头工作量的20%。比如，了解专注行业的动态、行业内各公司的发展情况、融资情况、行业内明星高管候选人的动向、客户公司的发展等诸多信息和资讯。

这些工作有一个常见的痛点，那就是低效。虽然花了大量时间和精力，但往往难以获得真正有价值的信息。很多时候，虽然看了不少报道，但这些信息的背后到底意味着什么，还是搞不清楚；或是想搞清楚某个问题，需要查阅海量的信息和资料。

如今，有了AI大模型，一切就变得简单多了。不管是宏观的行业分析，还是颇为具体的行业问题，AI大模型都能给出比较客观、全面的回答。

我的输入： 我是一名猎头顾问，想进入自动驾驶赛道，请问自动驾驶行业目前在中国的发展趋势如何？

文心一言：

自动驾驶行业在中国的发展趋势目前非常火热。一方面，中国政府在大力推动自动驾驶的研发和落地，出台了一系列支持政策，为自动驾驶的

发展提供了良好的环境。另一方面，中国的汽车市场在不断扩大，智能网联汽车的数量也在不断增加，为自动驾驶的应用提供了广阔的市场前景。

同时，中国的一些科技巨头也在积极布局自动驾驶领域。例如，百度、华为、腾讯等公司都在自动驾驶方面投入了大量的研发资源，并取得了一些突破性的进展。此外，中国的电动汽车市场也在迅速发展，为自动驾驶的推广和应用提供了更多的机会。

总的来说，自动驾驶行业在中国的发展前景非常广阔，未来几年将有更多的投资和技术创新涌现。如果你对自动驾驶行业感兴趣，现在进入是一个非常好的时机。

对于猎头来说，确定赛道后，接下来的环节就是开发客户，一般会把行业内知名的、具有一定规模和品牌的公司作为目标开发客户。所以接下来，我们就需要进一步了解自动驾驶行业有哪些目标公司值得开发。

我的输入： 列举 20 个国内知名的自动驾驶公司的名字。

文心一言：

以下是 20 个国内知名的自动驾驶公司。

1. 百度 Apollo、2. 华为、3. 联通智网科技、4. 蘑菇车联、5. 图森未来、6. 小马智行、7. Momenta、8. 文远知行、9. 智加科技、10. AutoX、11. 元戎启行、12. 吉利汽车、13. 轻舟智航、14. 西井科技、15. 驭势科技、16. 纵目科技、17. 阿里、18. 腾讯、19. 仙途智能 Autowise.ai、20. 滴滴出行。

以上信息仅供参考，排名不分先后，仅供参考。

AI 大模型可以在猎头的信息资讯类业务中发挥巨大的作用，其提供的信息资讯全面、系统、准确，能够有效提升猎头的工作效率。

3. 知识内容类

不少人认为猎头工作没有技术含量，这种刻板印象的产生，主要是因为市场上的销售式猎头太多，拿着候选人简历到处推销所导致的。事实上，真正专业的猎头都是顾问式猎头，兼具人力资源、咨询、销售等多重属性。这就要求猎头是一名全能战士，上能和客户探讨业务模式、行业走势，下能给候选人做生涯规划、职业咨询。

所以，真正合格的猎头顾问既要掌握猎头的专业知识，比如人才的搜寻，同时也要懂一些人力资源、职业规划，甚至是商业模式等相关领域的知识，这样才能更好地与客户、候选人进行高质量的对话。

AI 大模型在这些方面同样可以提供帮助。

> **我的输入**：我是一名猎头，请问客户给候选人发的 offer（聘用意向书）中应该包含哪些内容？

文心一言：

作为一名猎头，您需要确保客户给候选人发的 offer 中包含以下关键内容。

1. 公司信息：公司名称、公司所在的行业领域和公司规模及发展历程。

2. 职位名称和职责范围：候选人将担任的职位以及该职位的主要工作职责和任务。

3. 薪酬福利情况：包括基本工资、绩效工资、年终奖等和公司提供的福利待遇，包括但不限于社保、公积金、住房补贴、年假、带薪病假、节假日福利等。

4. 入职日期：明确写出具体的入职日期或时间范围。

5. 报道情况：包括候选人入职时需要准备的相关材料和报道的具体地点、联系方式。

6. 其他条款和条件：这可能包括公司的特殊规定、候选人需要注意的特定事项等。

猎头要确保 offer 条款清晰、完整，并遵守当地劳动法规，以避免日后出现误解或争议。

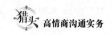

> **我的输入：** 我是一名猎头，请问候选人的背景调查报告应该包括哪些内容？

文心一言：

猎头在进行候选人背景调查时，一般会包括以下内容。

1. 身份信息：包括候选人的姓名、联系方式、应聘企业的名称和岗位。

2. 学历背景：调查候选人的学历背景，包括取得学历学位的时间、毕业的院校以及该院校是否通过了教育部门的正规认证。

3. 职业资格：包括职业资格的考核机构，候选人取得的资格等级以及取得的时间。

4. 风险情况：一般包括犯罪记录核实、失信记录核实、民事涉诉记录核实、金融违规记录核实等内容。

5. 工作履历：对每段工作经历进行核实，查验前单位是否仍在运营，候选人的工作时间、离职原因，以及是否签订了竞业限制协议。

6. 工商注册信息：了解候选人是否在具有竞争关系的企业担任了法人或股东。

7. 对候选人的前上司、HR（人力资源负责人）或者同级别同事进行调查：主要是对候选人过往的工作单位、辞职原因做详细调查。

8. 对候选人的个人爱好、信用状况进行询问：以更全面地了解候选人的性格和信用状况。

9. 对候选人的职业操守进行调查：看是否有违反公司合同、损害公司利益的记录。

除了以上内容，猎头进行背景调查时还需要注意一些细节，如调查时间的选择、调查人员的安排、调查方式的运用等。同时，还要注意保护候选人的隐私和合法权益，确保背景调查的合法性和公正性。

通过以上两个案例可以看出，AI 大模型在知识内容方面，也可以为猎头提供有效帮助。

4. 专业技能类

细节决定成败。高产值顾问一定都是很注重细节的，每一个具体的操作动作都非常关键和重要。

　　这个道理虽路人皆知，但由于缺乏实战经验、考虑不周全、学习培训不系统等客观因素，往往在实践中很难做到尽善尽美，时常出现事后懊悔不已的情况，这是猎头乃至其他行业中都普遍存在的问题。

　　而这个问题，借助 AI 大模型可以得到有效解决。下面通过几个案例，具体看看 AIGC 技术是如何辅助我们完善业务场景中的操作细节的。

> **我的输入：** 我是一名猎头，请问如何给候选人做好面试安排工作？

文心一言：

　　作为猎头，为候选人做好面试安排工作是帮助候选人成功获得职位的重要一环。以下是一些建议，以帮助您更好地完成面试安排工作。

　　1. 确定面试时间：在确定面试时间时，要考虑双方的日程安排。尽量选择一个双方都方便的时间，以确保面试能够顺利进行。

　　2. 确认面试方式：根据候选人和企业的需求，确定面试方式。这可能包括电话面试、视频面试或面对面面试。

　　3. 提供候选人背景资料：在面试前，向企业提供候选人的详细背景资料，包括他们的教育背景、工作经验、技能和特长等。这将有助于企业更好地了解候选人的能力和潜力。

　　4. 提醒候选人准备面试：在面试前，提醒候选人注意准备事项，包括对公司的了解、对职位的理解、自我介绍等。这将有助于候选人更好地准备面试，提高成功率。

　　5. 安排面试后续工作：在面试结束后，及时向候选人了解面试情况，并为企业提供反馈。如果需要进一步的操作，如下一轮面试或职位确认等，要及时与企业沟通并安排好后续工作。

　　6. 保持沟通：在整个面试过程中，与候选人和企业保持沟通是至关重要的。通过及时、有效的沟通，您可以更好地了解双方的需求，并作出相应的调整。

　　7. 关注细节：在安排面试时，要注意一些细节问题。例如，对于异地

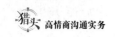

候选人,要考虑交通成本和时间等因素,尽量选择一个对双方都便利的地点。此外,要确保面试环境安静、舒适,以避免干扰和影响面试效果。

8. 提供支持:在面试前和面试过程中,要为候选人提供支持和帮助。例如,解答候选人的疑问,提供面试技巧和建议等。这可以帮助候选人更好地应对面试挑战,提高成功率。

9. 关注候选人的感受:在安排面试过程中,要关注候选人的感受和需求。尊重他们的决定和意见,并提供必要的支持和帮助。这将有助于增强候选人对您的信任和满意度。

10. 建立良好的关系:与企业和候选人建立良好的关系是成功的关键之一。通过积极沟通、真诚合作和可靠的服务,您可以赢得双方的信任和支持,从而更好地完成猎头工作。

总之,为了确保候选人的面试安排工作顺利进行,您需要全面考虑并关注每个细节。通过合理的安排和及时沟通,您将可以帮助候选人成功获得职位,并为企业提供高素质的人才资源。

AI大模型的确能够提供一定的建议和帮助,但这里要强调的是,这些建议和帮助只能作为参考,不能完全照搬,因为有些内容与实际业务场景并不匹配。

1.3 AI模型在不同话术场景下的应用与解析

猎头做的是人的生意,很多工作内容都涉及与人对话的场景,比如,客户开发、访寻候选人、面试指导等。这些交流有的是初次沟通,有的是持续跟进。为此,沟通的技巧和话术是不少猎头从业者最感兴趣的话题,也是猎企培训的重要内容之一。

关于话术,我向来认为猎头并没有标准化的话术,也没有所谓的最优话术。较强的个性化是猎头这行的特点,每个人都有自己的特色和沟通方式,所以适合自己的就是最好的。

但对于初入行业、技能不过硬的新人猎头来说,具体业务场景下的话术模板往往又显得很有必要,能够为工作的推进提供不小的便利和助力。

下面以几个常见的猎头业务场景为例,利用 AI 大模型对相关场景下的话术进行操作和解析。

话术应用场景一

我的输入: 我是一名猎头,第一次跟企业 HR 打电话进行客户开发时,开场白应该怎么说?

文心一言:

当您第一次与企业 HR 打电话进行客户开发时,开场白是非常重要的。以下是一些建议,可以帮助您建立良好的第一印象并吸引 HR 的兴趣。

1. 直接表明来意

"您好,我是 ×× 猎头公司的顾问,我了解到您的公司正在招聘 ×× 职位,我想向您介绍一下我们公司的服务。"

2. 强调您的专业性和经验

"我们专注于 ×× 领域的猎头服务,已经成功为多家知名企业推荐过优秀的候选人。我了解到您的公司正在招聘 ×× 职位,我相信我们有能力为您推荐最合适的人选。"

3. 提及共同的联系人或合作伙伴

"我与您的朋友(或其他公司的 HR、其他猎头公司)合作过,他/她向我推荐了您。我想与您进一步交流一下如何加强我们的合作,以帮助您的公司招聘到最合适的候选人。"

4. 针对公司的需求和背景进行个性化开场白

"我了解到您的公司是 ×× 行业的领导者,一直致力于寻找最优秀

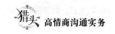

的人才。我注意到您的公司近期有一些职位空缺,特别是××职位。我们专注于××领域的猎头服务,已经成功为多家知名企业推荐过优秀的候选人,我相信我们有能力为您推荐最合适的人选。"

无论您选择哪种开场白,都要注意表达清晰、礼貌、热情和专业化。确保HR感受到您的诚意和对他们公司需求的关注。同时,准备好回答HR的问题并展示您的专业知识,以帮助他们了解更多关于您的服务和公司背景。

话术要点解析

文心一言提供的话术不仅多样化,而且内容全面,考虑维度广泛,同时贴近实际业务场景,猎头在实际工作中只需根据具体情况稍加修改,就可以直接使用。

话术应用场景二

我的输入:我是一名猎头,当候选人表示不方便沟通时,我应该采用什么回答话术?

文心一言:

当候选人表示不方便沟通时,作为猎头,您可以采取以下回答话术。

1. "我明白您的意思,我会在您方便的时候再与您联系。如果您需要帮助或有任何问题,请随时告诉我,我会竭诚为您服务。"

2. "我明白您现在可能不方便沟通,我会在您方便的时候再与您联系。如果您有任何需要帮助的地方,请随时告诉我。"

3. "我明白您的意思,并感谢您的配合。我会在您方便的时候再与您联系,希望我们可以共同为您找到一个合适的解决方案。"

这些回答话术可以表达您对候选人的理解和尊重,同时保持专业和礼貌的态度。您可以根据具体情况适当调整话术，以适应不同的情境和候选人的需求。

话术要点解析

该场景下的对话，首先要根据实际情况，为此次未能沟通做出礼节性回应，通常用"抱歉""理解"等词汇，给对方留下良好的印象。与此同时，要为再次沟通做积极准备。比如，与对方商量二次沟通的时间、方式等。简言之，原则是全程保持礼貌和尊重，尽可能以对方为中心，满足候选人的需求，为下次沟通争取机会。

但是我个人建议，由于文心一言给出的个别词语可能有些蹩脚，比如，"完全理解""完全可以"，在实践中猎头要根据具体情况调整用词。作为第三方，猎头的话术应该相对中性和客观。比如，使用"能""立即""可以的"……会显得更加自然和流畅。

话术应用场景三

我的输入：我是一名猎头，跟候选人索要背景调查的证明人信息，有哪些话术？

文心一言：
作为猎头，在向候选人索要背景调查的证明人信息时，以下是一些建议的话术。

1. 直接表明目的

"您好，我是来自××猎头公司的顾问，目前正在协助一家知名公司对您进行背景调查。为了确保您的背景和经历与简历相符，我们需要获取一些证明人信息以进行进一步的核实。请问您是否方便提供一些相关证明人的信息？"

2. 强调合法性和保密性

"请放心，我们承诺对您提供的信息将严格保密，并且仅用于合法和合规的背景调查目的。在调查完成后，我们将尽快删除所有敏感信息。"

3. 说明证明人的角色和目的

"为了更全面地了解您的工作经历、职责和表现，我们需要与您的前同事或上级领导进行联系。他们的反馈将作为我们评估您的重要参考。"

4. 请求配合并表达感谢

"我们非常重视您的合作和支持。如果您能够提供这些证明人的信息，我们将不胜感激。同时，请您放心，我们承诺在整个过程中不会给您带来任何不便，并会严格保护您的隐私。"

请根据具体情况灵活运用以上话术，确保清晰、礼貌、专业地表达您的要求。同时，也要准备好回答候选人的问题并解答他们的疑虑，以确保与候选人之间建立信任关系并顺利完成背景调查。

话术要点解析

该场景下的对话，重点是要明确告知对方我们要什么，以及为什么要这么做。

所有话术均没有标准模板，但有内在的逻辑和要点，掌握好核心要点，灵活运用，举一反三，这才是真正高明的话术之道。

再次强调，猎头绝对不能完全照搬 AI 大模型提供的话术，要结合自己的实际工作情况，总结出一套适合自己的沟通话术。这需要猎头在工作过程中不断摸索，敏锐观察和分析客户的反应、态度、反馈……总之要根据实际效果不断调整、精进话术，这样才能有效提升工作效率。

1.4 AI 大模型应用的注意事项

AI 大模型确实能提升猎头的招聘效率，降低招聘成本。但是在实际工作中，我们必须清醒地认识到，AI 大模型并不能完全代替猎头的工作，只是一个辅助工具。

通过对 AI 大模型的反复训练和应用，我将从以下两个方面进行简要总结：一是模型本身，二是猎头业务具体操作层面。

从模型本身来说，在应用 AI 大模型时，猎头应该注意以下事项。

1. 数据隐私和保护。猎头要确保处理和存储的数据符合相关的隐私法规和政策，保护候选人的个人信息。

2. 可解释性。AI 大模型的决策过程是复杂的，猎头需要确保模型的决策过程是可解释的。

3. 模型训练和验证。猎头应该对模型的训练数据进行充分的验证和测试，不断调整和优化提问词，使其更加符合实际业务场景的需求。

4. 实时的更新性。AI 大模型的性能和效果可能会随着时间和数据的变化而变化，猎头需要定期更新模型，以保持其准确性和有效性。

5. 模型的评估。猎头要能够准确理解和评估 AI 大模型的输出结果，并针对客户的个性化需求，进行灵活调整。

6. 模型选择和评估。猎头需要选择合适的 AI 大模型，并对其进行评估和比较，以确保选择的模型能够提供最佳的性能和结果。

7. 模型集成和自动化。猎头可以考虑将 AI 大模型与其他招聘工具和系统进行集成，以进一步提高效率、节约成本，并更好地满足业务需求。

从猎头业务具体操作层面上来说，注意以下几点。

1. 顾问式猎头思路。顾问式猎头在运用 AI 大模型时，能够凭借其深厚的专业技能和实践经验，使这一技术更加得心应手。他们不仅能够对模型进行深入的分析和精准的评估，还能够将模型的输出与实际业务场景紧密结合，从而作出更加精准和有效的决策。

2. 与工具模型相结合。如果猎头有具体的工具模型，就可以指导 AI 大模型生成更加科学实用的内容。

3. 设置 AI 应用专家角色。AI 大模型的评估和决策的确需要一个专业过硬的、专家型的业务人员进行指导，否则不但没有效果，可能会起到反作用。

> **我的输入**：我是猎头，第一次跟企业 HR 打电话进行客户开发时，开场白应该怎么说？

> **文心一言**：
>
> 您好，我是 ××，来自 ×× 公司。我注意到贵公司在 ×× 招聘网站/平台上发布了一些职位信息，我想了解一下这些职位的具体情况，看看我们是否有合作的机会。

而在实践中，客户开发开场白这样说还是不够的，需要在精炼语言的同时，迅速锁定客户的要求。

需要注意的是，生成话术的时候，提问词一定要带出"话术"字眼，否则很容易生成描述性的内容。

4. 工具的选择。在 AI 软件选择方面，可以多试用几款，以便找到效果最好的 AI 工具。例如，ChatGPT 由于缺少国内近几年创新公司的相关信息，可能会难以生成相应的内容。

总的来说，AI 的革新对猎头行业将产生深远的影响，AI 的快速发展和应用会给猎头行业带来新的挑战和机遇。

第 2 章

行业赛道定位

行业赛道定位对任何行业都是非常重要的。具体到猎头行业,它不仅对于猎头公司的创始人很重要,而且对于每一位猎头顾问也非常重要,直接关系到猎头公司、猎头顾问在激烈的市场竞争中的生存与发展。

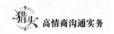

2.1 哪些行业更有"钱"景

塞万提斯在《堂吉诃德》里写过这样一句话:别妄想世界永恒不变。

这个世界一直都在变化,尤其是在高速发展的互联网时代,各行各业更是以一种前所未有的速度在更新迭代。

在从事猎头的 20 年里,我见证了诸多行业的风云变化,从 2008 年全球金融危机,到 2014 年外资制造业向东南亚迁移和 2017 年整车企业不景气,再到如今低迷不振的房地产行业。

相当一部分猎头公司抓住了机遇得以发展壮大,但同时也有很多的猎头公司随着行业的没落而逐渐销声匿迹。

所以,对于猎头公司来说,服务行业的选择和定位是公司业务战略规划的重要内容之一,尤其对那些践行"长期主义"的猎头公司和猎头顾问个人而言,更是如此。

未来,行业的周期性变化定会是常态,所以猎头必须要具备如何选择行业、如何进行行业转型等跟行业赛道相关的知识和技能。

猎头公司在考虑行业转型以及计划进入新行业的时候,首先面对的问题就是确定行业赛道定位,了解哪些行业比较适合进入,哪些行业发展前景比较好,哪些行业能可持续发展等。

经过我们公司在行业内多年的深耕与实践,我精心提炼了几个模型,旨在为我们提供更客观、科学的工具,以便对行业赛道进行准确的定位与评估。

第一个模型:PIDS 行业赛道研究模型,即行业分析宏观研究模型,为行业具体发展情况的评估提供了全面的视角。该模型包括政策风向标

（Policy）、投资环境（Investment）、发展前景（Development）和行业猎头规模（Scale）四个方面。如图 2-1 所示。

图 2-1 PIDS 行业赛道研究模型

政策风向标

政策风向标是指国家政策、法规和规划等文件中所体现出的政策导向和发展趋势，它们对行业的发展具有重要影响。

碳中和目标：我国提出的"3060"双碳目标，即 2030 年前实现碳达峰，2060 年前实现碳中和。这一目标为环保行业提供了明确的发展方向，推动了清洁能源、节能减排等领域的发展。

投资环境

投资环境包括投资热点、投资人背景（国资、民营、外资）、投资规模、投资区域等。

那些被资本市场看重的行业领域，大多数情况下都是蓝海市场，因为投资机构在投资前会进行深度的调研和分析。比如，近两年资本进入比较活跃的新消费品领域，就涌出了锅圈食汇、劲面堂、猫员外、美立刻、文和友小龙虾、元气森林、每日黑巧等一大批出圈的品牌。

🔍 发展前景

发展前景也是一个重要的考量因素。要分析的内容有行业发展状况、目前发展阶段（传统行业、朝阳行业、风口行业）、行业集群地、龙头企业的发展状况等。

🔍 行业猎头规模

行业猎头规模包括行业用人市场化程度、猎头市场规模、同行进入情况、猎头市场的活跃度、认可度及开放度等。

这里分享一个我们公司进入新行业的失败案例。

2013—2014年，当时国家提出要大力发展文化传媒产业，那一年万达集团开始进入文化传媒产业，专门成立了万达传媒公司。

当时我意识到这是一个风口，于是专门组建了一个5人团队进入文化传媒赛道。顾问都是从广告、传媒、文化公司招来的有行业背景的从业者。结果半年时间只做了5～6个客户，仅成交了一笔7万元服务费用的单子，而且回款还相当费劲。之后，我果断撤销了这个团队。

这次失败的主要原因在于，文化传媒行业对猎头的认可度不够，并不适合做猎头生意。因此，建议猎头公司在初入某一行业之前，一定用PIDS行业赛道分析模型做好市场分析。

依据PIDS行业赛道分析模型，建议猎头公司重点关注高科技、医药大健康、高端制造/智能制造、新能源、新零售、物联网、区块链、电商、自媒体、互联网、云计算、大数据、元宇宙、清洁技术、AI、机器人等赛道。

以上就是对PIDS行业赛道分析模型的具体介绍，其中前三个维度——政策风向标、投资环境、发展前景，主要涉及行业的具体发展情况;最后一个维度——行业猎头规模最为重要,是进行决策的关键性指标。以上四个维度要综合考虑,灵活运用。

第二个模型:PCBT 公司情况分析模型,主要集中在公司层面,以技术性分析为主,如图 2-2 所示。

图 2-2 PCBT 公司情况分析模型

产品业务特点

产品分为传统产品和创新产品,传统产品已经在市场上存在较长时间,相关的技术和人才储备相对成熟。这些产品通常具有稳定的市场需求和明确的客户群体。创新产品由于技术新颖或市场尚未成熟,相关的人才储备可能相对较少,需要一定时间的培育。

竞争者

在某一行业中,竞争者的数量和市场结构会影响猎头公司的目标客户数量和开发空间。

如果某一行业被少数几家大公司垄断,这些公司的市场份额较大,人才需求相对固定，猎头公司的目标客户数量可能会受到限制；相比之下，如果行业内的竞争者数量较多，市场份额相对分散，猎头公司就有更多的客户开发空间。

进入壁垒

进入壁垒主要包括以下几个方面。

岗位需求特征： 不同行业具有不同的核心岗位需求特征。例如，元宇宙 VR 行业的核心岗位需求特征是以游戏开发为主；新零售则侧重于电商、新媒体、直播等互联网类岗位；生物医药领域则以药物研发类岗位为主，AI 行业则是以高端科研及研发类岗位为主。

人才属性： 不同行业或岗位类型的人才具有不同的沟通方式和职业特点。制造类企业的人才可能更偏向传统和稳定；而一些偏重销售、公关、市场类的人才可能更加开放一些，更愿意与猎头沟通。

企业属性： 企业属性有外资企业、民营企业、国有企业。例如，基建类、环保、碳中和类的企业，大部分集中在国有企业；而电商、AI、大数据模型等更多集中在互联网和大型民营类企业。

同行竞争： 不同行业的市场竞争状况不同，这直接影响猎头公司的业务开展。红海行业（如新能源、芯片类）市场竞争激烈；而蓝海行业（如环保、新零售、金融科技类）则竞争相对较弱。

培育时间

培育时间包括预计产出时间、投入产出比、机会成本等。比如，技术研发类岗位，进入的壁垒较高，行业也需要一定时间的培育周期；生物医疗、芯片行业就属于典型的培训周期比较长的行业，而且也需要猎头公司投入一定数量的猎头顾问。

以上就是对PCBT公司情况分析模型的解读,这个模型的主要作用是从技术层面分析猎头业务的可操作性。

通过以上两个模型,我们就能清晰地识别哪些行业更有发展前景,同时确定哪些细分行业更适合猎头公司开展业务。

2.2 SWOT猎头公司决策模型 ——精准定位行业赛道

PIDS行业赛道研究模型解决了某一行业是否值得猎头进入的问题,PCBT公司情况分析模型从技术层面解决了猎头业务可操作性的问题。在解决这两个问题之后,猎头公司还要结合自身的情况借助第三个模型——**SWOT猎头公司决策模型选择和定位行业赛道**。这是猎头公司进行决策和评估常用的模型,如图2-3所示。

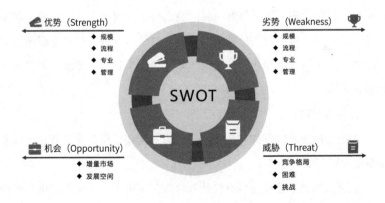

图2-3 SWOT猎头公司决策模型

SWOT 模型主要是通过分析猎头公司内部和外部存在的优劣势、机会以及威胁（挑战），从而精准定位行业赛道。

SWOT 分析模型是一种非常经典的分析方法，适合猎头公司选择行业赛道时使用。每当进入一个新的行业时，我都会用到SWOT 分析模型。

优势与劣势

优势与劣势这两个维度是相对的，性质一样，可以放在一起分析。

接下来我们从公司规模和专业技能两方面对优劣势的问题进行介绍。

1. 公司规模

以生物医疗行业为例，这个行业不仅技术含量高，进入壁垒高，培育周期长，还需要组建团队协同作战。

我们公司在 2019 年刚转型的时候，就首选了生物医药和 AI 领域作为发展方向。在生物医药行业虽然成交几笔订单，但是半年之后还是放弃了，因为我发现该行业至少需要组建 5～10 人的团队。而当时我们公司正处于转型阶段，为了降低风险，我选择了同时进入 4 个行业，而不是投入这么多人做生物医疗领域。另外，这个行业进入壁垒也很高，如果顾问不是生物医药行业背景出身，做起来确实有一定难度，需要很长的培育时间。

2. 专业技能

如果公司或者顾问的专业度高，可以考虑将定位瞄准外资企业或者市场化比较高的大型央企。

反之，如果专业技能没有优势，可以尝试进入一些初创的创新型企业或者对专业度要求不高的行业，抑或一些中端销售类岗位需求比较多的行业。

机会

分析目前市场各行业公司的发展情况、发展机会和空间。

由于每家公司的具体情况不一样,所以机会也是不一样的。比如跨境电商行业,可能当下发展前景比较好,对于之前做互联网、新零售、电商的公司来说,可能就是一个机会。

威胁

分析目前猎头市场的整体行业格局,公司存在的威胁以及挑战。同机会一样,威胁(挑战)也是千人千面的,每家公司、每个团队都可能不一样。

需要强调的是,在行业转型和定位上,要结合以上模型一步步理性分析。不能盲目从众,只有适合自己的才是最好的选择。

2.3 PIRL 猎头顾问选择模型——猎头顾问精准定位行业赛道

很多做猎头工作的朋友经常向我咨询一个问题:"我这个行业没法做了,我想转型新的行业,但是不知道该怎么转?"

这个问题也曾让我很困惑,这是由多个因素决定的,不是每个行业都适合自己,要结合自身实际情况来选择。

在我的团队就不存在这样的问题,即便顾问从来没有接触过某个行业或者没有任何资源。这是因为我了解每一位团队顾问的情况,知道每个人更适合什么样的行业,担任什么样的岗位,所以会有针对性地分配岗位。

所以，基于我个人带教顾问的经验，我总结了一个 **PIRL 猎头顾问选择模型**。猎头顾问可以借助该模型进行自我分析，精准定位适合自己的行业赛道，如图 2-4 所示。

图 2-4　PIRL 猎头顾问选择模型

PIRL 猎头顾问选择模型主要从顾问性格、兴趣、资源、学习力四个方面进行分析。

性格：如果你是内向型、善于钻研和分析的研究型顾问，那么高端、技术型行业和岗位可能会更适合你。这些行业壁垒高，能使你的核心竞争力和优势更容易得到发挥；相反，如果你是外向型、高效型顾问，那么你在销售、新媒体等互联网类岗位上会更有优势。此外，如果你的性格属于慢热型，做事有条不紊，可能更适合比较传统的行业。

这些都不是绝对的，做自己擅长的事，往往更容易获得成功，所以建议每一位猎头从业者都要充分考虑自身的特点，发挥出自己的优势。

兴趣：对某领域的兴趣以及熟悉程度。

资源：猎头在垂直细分领域所拥有的候选人及客户资源情况。资源是可以获取的，不是决定性因素，因此我个人倾向于"行业第一，资源第二"的原则。

学习力：评估个人对新知识的创新和学习能力。比如，高科技行业的细分领域包括芯片、自动驾驶、AI、5G、机器人、元宇宙、金融科技等；医疗大健康行业的具体细分领域有生物药、化学药、基因检测、可穿戴设备、医疗器械、IVD（体外诊断）、互联网医疗、医院、医美等。

这两个行业的门槛稍微有点高，所以猎头顾问在选择时，兴趣和学习力是需要重点考虑的因素。

第 3 章

客户开发各流程阶段话术

客户开发作为猎头服务八个一级流程中的第一步,其重要性不言而喻。在客户开发过程中涉及很多关键话术,这些话术对于猎头顾问来说都是非常重要的。

3.1 猎头服务全流程脑图

在介绍客户开发各个流程阶段的话术之前,需要先了解猎头服务的整个流程,这也是猎头顾问入行必须清楚的基本知识。

猎头行业虽然有自己的专业性,但广义上讲,终究还是服务行业,既要服务好客户,也要令候选人满意。只有具备这样的认知,才能在这个行业深耕下去,走得更远。

猎头服务的细节流程多达数十个,要想每个环节都做到位,确实存在很大的难度。而对于一些猎头新人来说,别说执行到位了,就连对猎头服务的流程都还没有形成清晰、完整的认知。所以,我在面试时经常会提出一些问题:"猎头服务的流程有哪些?哪些流程最重要?某个流程具体怎么操作……"

在我看来,对服务流程的认知程度是衡量一名顾问的重要标准,所以本节会从不同维度对猎头的服务流程进行全面、系统的梳理归类,便于各位读者理解和把握。

猎头服务的全流程可以分为八个一级流程,如图 3-1 所示。

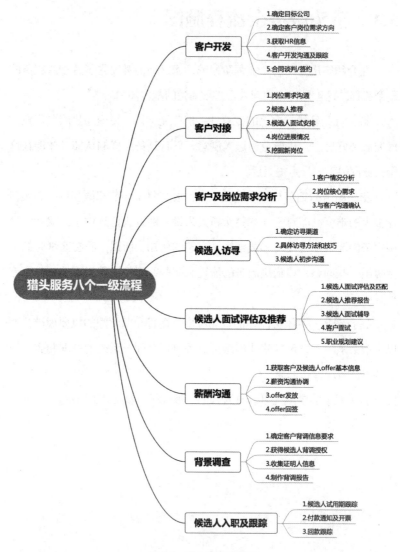

图 3-1 猎头服务流程图

接下来以客户开发为例,讲解一下猎头客户开发全流程,其他内容在本书剩余章节详细介绍。

客户是上帝，是我们的衣食父母，这个道理适用于任何行业。有了客户，就有了生意，客户资源越丰富、优质，猎头的产值也就越高。为此，作为一名猎头顾问，客户开发理应是必备的技能，同时也是一家猎头公司的生存之本。

当下及未来，猎头开发客户会越来越难，靠谱的客户会越来越少，这是不争的事实。猎头一定要重视客户开发工作。

很多猎头顾问手里的客户虽然挺多，但真正能出单的往往并不多，而这种虚假的繁荣，时常会消耗猎头顾问大量的时间和精力。所以，对于那些不靠谱的客户，比如，拖款、职位变化快、迟迟不反馈的客户，不建议投入太多精力，否则会导致工作低效。

客户开发非常重要，但实际情况是，相当一部分猎头顾问并不具备开发客户的能力，在这方面普遍存在短板。所以，在当前的猎头行业，大多数猎企是由企业老板、合伙人、团队负责人承担这部分工作，猎头顾问的工作仍集中在寻访候选人的操作端，难以达到包揽猎头工作全流程的全能顾问水准。

很多问题的根源，其实就在于流程，公司管理如此，业务操作亦是如此。关于如何高效地开发优质客户，这里可以参考前文图 3-1 所示的操作流程图。该流程共八个步骤，是我根据自己多年的一线实战经验总结出来的，具有很强的可操作性。

从图 3-1 中可以非常清晰地了解到，客户开发的流程其实并不复杂：先确定目标公司、了解客户岗位需求方向、获取 HR 信息，再进行客户开发沟通及跟踪、合同谈判及签订，最后进行正式的项目合作，也就是岗位操作。这么一套流程下来，整个客户开发的环节就基本结束了。

接下来讲讲我是怎么开始做客户开发的，希望也能给各位带来一些思考和启发。

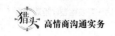

那是20年前的事了，当时我刚进入一家国内的老牌猎头公司。这家公司是1995年成立的，算是中国猎头行业第一批成立的猎头公司。入职以后，公司分给我一个手机通信行业的大客户，做了两个月左右，成了五六单，成绩还是蛮不错的，老板也因此比较欣赏我。

有一次，我在与客户招聘负责人电话沟通时，因为一个业务上的细节问题，他说了我一句："你刚做猎头时间不长吧，怎么这么不专业？"

其实，这话倒也没什么，就是客户对猎头顾问的专业性稍有质疑，语气重了些。但我那会儿20多岁，年轻气盛，听到这话，情绪一下子就上来了，直接挂断了客户的电话。当时我们是在一个大开间工作，老板也在，挂断电话之后我就跟老板说："这个客户我不做了，我自己去开发客户。"

当时我才入行两个多月。但现在回头来看，这种冲动和不成熟反而成就了我。幸运的是，后来我自己开发了几个金融、制造、广告行业的客户。那一年，也是我做猎头顾问的第一年，不但做出了百万业绩，也让自己成了能开发客户、能交付的全能顾问。

所以，客户开发并不是遥不可及，只要按照规范的客户开发流程去执行、去行动，就一定会掌握客户开发的专业技能。

3.2 确定目标公司的实战话术

猎头的客户开发渠道有很多，包括候选人、HR朋友、合作客户、社交平台、招聘网站、自媒体、行业公众号、公司官网等。其中，候选人是非常有效的客户开发渠道，用好手里的候选人资源非常重要。通过候选人渠道开发客户主要有以下三个优势。

成本低

之所以说通过候选人渠道开发客户的成本低，是因为猎头顾问在和候选人沟通的过程中，就可以顺手操作，不需要额外花费时间和精力，这就在很大程度上节省了客户开发的成本。

信息量大

假设猎头顾问一天与 15 个候选人进行有效沟通，按 20% 的转化率计算，也就是一天能从 3 个那里获得客户开发的相关信息。一个星期从 15 个候选人那里获取到信息，一个月从 60 个候选人那里获取到信息。

再继续转化，一个月，大约可以了解到 10 家左右的公司在用猎头服务或者可以获取 10 个左右猎头供应商负责人的联系方式。如果有些候选人是部门负责人，正好其部门也需要招聘人才的话，甚至可以直接进行客户开发。这些都是非常有价值的信息，能够带来直接或者间接的结果。

成功率高

有些候选人如果本身就是部门负责人，那么双方合作的可能性自然就高了很多。即便候选人不是直接负责人，只要他们认识就行。有了熟人的介绍或者背书，尤其是那种高管候选人的推荐，效果往往要比电话拜访的方式好很多。

这里分享一个团队顾问通过候选人渠道进行客户开发成功的案例。

Jessica 是一位有八年从业经验的猎头顾问，曾经一直沉浸在访寻交付中，在客户端的效果并不理想。之前客户开发的时候，她只知道联系 HR，但通常连介绍还没讲完就被挂断电话，或者加了微信就再没下文，消息不回，打电话也不再接。

之后 Jessica 按照我讲的话术方法，成功通过候选人渠道开发了一家上市公司，以下是 Jessica 的分享。

在做行政总经理岗位的访寻过程中，我联系到候选人张先生后和他进行了电话沟通。

Jessica："张先生，您好，我是专注于高管岗位的猎头顾问Jessica。目前有几家公司的岗位机会想跟您分享交流，看看是否有您感兴趣的岗位。"

张先生："好的，你说说看。"

Jessica："有三家公司都需要一位行政总经理，分别是A公司、B公司、C公司。请问您对哪家公司的岗位机会感兴趣呢？"

张先生："我对这三家公司都不是很感兴趣。"

（此处省略对A、B、C公司的详细介绍，内容较多。）

Jessica："好的，那您最近在接触哪些公司的岗位机会？如果您有比较感兴趣的公司，我可以帮您去对接。"

张先生："一个月前D公司的人事联系过我，说好要进行面谈，但后来又没消息了。"

Jessica："那您还打算和D公司继续接触吗？我可以帮您去对接，了解具体情况，看能否再往下推进。"

张先生："可以的，我还是比较看好这家公司的。"

在结束和张先生的通话后，我在猎聘上搜索到D公司有关行政总经理岗位的招聘需求，并找到了D公司的HR。通过D公司官网了解公司产品及基本情况后，与D公司进行了客户开发的首次电话沟通，话术分享如下。

Jessica："您好，我是专注于大消费领域的猎头顾问，擅长高管岗位，了解到贵公司正在招行政总经理，请问目前找到了合适的人选吗？看看我是否能帮到您。"

HR："行政总经理岗位的招聘目前暂停了，不确定什么时候启动，等启动了，我再找你吧。"

Jessica："好的，那贵公司近期急需哪些岗位？"

HR："确实有个事业部总经理岗位比较紧急，招了有一年了，也有合作的猎头，但是一直没有招聘到合适的人选。你加我微信吧，我把岗位和资料发给你先看下。"

微信通过后，HR发来了岗位职责和公司资料。后续和HR进行了深度沟通后，我们达成了合作。

和HR沟通时，Jessica以帮助公司以及HR作为客户开发的开场白，并主动出击挖掘其他紧急岗位。在联系HR之前，她通过猎聘以及官网了解客户公司业务以及招聘信息，确保对客户公司及岗位有初步的了解，以便挖掘更多的机会。

以下是我在多年实战中总结出的话术，效果非常好，猎头顾问只要能够熟练运用，一定能快速精准确定目标公司。

话术1："请问贵公司中高端人才的引进主要通过什么渠道？公司也通过猎头招聘吗？"

话术要点解析

猎头顾问从人才战略角度作为切入口，虽然目的是想了解候选人所在公司是否用猎头渠道，但是该话术会让候选人感觉到猎头顾问的专业性，认为猎头顾问是在关注候选人所在公司的中高端人才情况，而不是单纯为了开发客户。

话术2："你们公司的管理怎么样？有没有裙带关系、拉帮结派的现象？您当初是通过猎头推荐进去的吗？"

话术要点解析

猎头顾问从公司管理的话题入手,引入裙带关系、拉帮结派等候选人比较喜欢聊的略带八卦味道的话题,容易让候选人打开话匣子,进而了解候选人当初进入公司的渠道。

话术 3:"你们部门一般通过什么渠道招人?用猎头吗?"

话术要点解析

有些候选人并不了解公司猎头供应商的情况,但是一般对自己本部门的招聘渠道有所了解,所以可以从候选人所在部门入手,进而判断公司层面是否在用猎头渠道。

话术 4:"您知道同行中还有哪些公司用猎头吗?我去开发客户,然后帮您推荐一下。"

话术 5:"最近猎头给您推荐了哪些公司的岗位?我帮您分析一下。"

话术要点解析

猎头顾问给客户挖到的候选人,基本来自客户的竞争对手和同行公司,而这些候选人一旦有机会,也会有其他的猎头帮忙推荐同行公司。比如,同行给该候选人推荐了 A 公司、B 公司、C 公司,说明这三家公司也一定是通过猎头渠道招聘的。

同时通过"帮您推荐一下"这个话术,会让候选人意识到猎头顾问的价值,并不只是索取信息,同时也在帮助自己关注机会。

这里要提到一点,猎头顾问提问的目的是满足自己的利益,然而为了实现这一点，一定要让措辞符合"对方的利益"，当二者利益趋于一致的时候，才可能得到想要的结果。

话术6："您当初是通过猎头、朋友推荐、领导召唤还是外部应聘进来的呢？"

话术要点解析

该话术的引导性强，同时比较隐蔽。通过给候选人几个选项，会让候选人不假思索地顺着猎头的选项做出选择。

这里涉及一个"多选一"的提问技巧，猎头顾问将自己想得到的信息都列出来，大部分候选人会下意识做出选择。

话术7："你们的一些竞争对手，都在通过猎头挖人，你们公司会用猎头从同行公司'抢人'吗？"

话术要点解析

从竞争对手吸引人才的策略这个维度去跟候选人沟通，表面上探讨的是竞争对手之间的人才竞争策略，实际上是为了弄清楚该公司是否在用猎头进行招聘。

话术8："猎头的招聘成本还是比较高的，但确实能帮助企业挖到核心人才，你们公司（候选人所在公司）认可猎头这个招聘渠道吗？"

话术要点解析

从企业招聘成本的角度出发，先跟候选人做内容输出分享，进而引出候选人所在公司对猎头渠道的认可程度以及招聘策略。在沟通、分享、探讨中，获取猎头想要的信息。

与候选人沟通时，猎头顾问要保持礼貌和尊重，避免给候选人带来压力或不适感。通过这些问题，猎头顾问可以了解到企业是否使用猎头这个招聘渠道，以及企业对这个渠道的看法和态度。

通过以上话术可以看出，任何一位候选人都有可能成为猎头顾问进行客户开发的帮手，哪怕是第一次和候选人进行沟通，也有机会了解到哪些公司在用猎头，是否能够成为客户开发的目标公司。所以我经常强调，客户开发是贯穿整个猎头工作流程的，随时都可以进行客户开发。

在操作过程中，大家可以结合具体的场景，灵活运用。

自我训练

结合实际工作情况，设计一套通过候选人渠道进行客户开发以及与候选人沟通的话术。

如何通过一些八卦话题打开候选人的话匣子？

_____

如何为候选人提供价值，从而确定目标公司？根据工作中的实际情况，设计一套符合对方利益的措辞。

_____

利用"多选一"的提问技巧设计话术。

_____

3.3 确定客户岗位需求的实战话术

在确定了哪些公司通过猎头渠道进行中高端人才的招聘后，接下来就需要了解目标公司的职能及核心岗位需求。也就是说，客户最需要通过猎头进行哪些职能及岗位的招聘。

客户开发经验不多的猎头可能会产生疑惑："为什么在客户开发之前要了解岗位需求呢？直接进行客户开发不就行了？"

在客户开发前了解客户的核心需求岗位是非常有必要的，这一点在后续的内容中会提到。我们先来看看如何通过候选人了解企业的岗位需求。

通过候选人了解岗位需求主要有两个维度：一个是针对目标企业的岗位需求方向，当猎头顾问了解到候选人所在公司使用猎头招聘后，接下来可以了解他们公司有哪些目标岗位正在招聘，核心岗位的需求方向是什么；另一个就是针对猎头顾问手上的优质候选人资源，询问候选人所在公司是否有匹配的岗位。比如猎头手里有芯片研发的候选人资源，这时就可以询问对方所在公司是否有这方面的人才招聘需求。这样一来，猎头顾问就可以将手头上的候选人资源利用起来，甚至可以做到批量推荐。

接下来分享一些通过候选人了解岗位需求信息的话术。

话术1："我们现在服务的同行业公司中，大部分人才需求集中在自然语言处理（NLP）博士和机器学习这两类岗位，请问贵公司招聘都集中在哪些岗位上？"

话术2："你们的直接竞争对手××公司，主要人才需求在研发和销售职能方面，请问你们的招聘都集中在哪些岗位？"

话术要点解析

通过与候选人分享其所在行业和竞争对手公司的核心岗位需求，进而以探讨的方式，表示猎头顾问对候选人所在公司人才发展的关注以及猎头对行业的了解，既体现了猎头顾问的专业性，同时也了解到候选人所在公司核心岗位需求的方向。

话术3："您在公司是不是属于稀缺人才？你们公司一般缺少哪些职能岗位人才？"

话术4："你们部门人员流动大吗？你们是不是也经常通过猎头挖人啊？"

话术5："你们公司最近都在招聘哪些岗位？哪些岗位招聘比较困难？我帮你们解决。"

话术要点解析

通过与候选人探讨公司的稀缺人才、人员流动情况以及招聘比较困难的岗位情况，进而引出猎头顾问想要了解的公司职能及岗位需求情况。例如，有些候选人了解自己部门的招聘情况，因此可以通过他们了解客户开发的相关信息。

话术6："我一直在关注贵公司的招聘岗位，我有很多这个行业的优质候选人资源，希望能为贵公司提供帮助。您知道目前需要招聘哪些岗位吗？"

话术7："我了解到贵公司近期有一些岗位空缺，想了解一下具体的招聘要求和岗位职责，以便为您推荐更合适的候选人。"

话术8："我希望能够帮助贵公司更快地找到最合适的人才，请问贵公司目前需要招聘哪些岗位呢？"

话术要点解析

猎头顾问从自身积累的优质资源角度出发，帮助候选人所在公司解决优秀人才招聘问题，是从公司利益出发，更容易打动候选人，体现了猎头的服务意识和价值意识。

通过类似话术，猎头顾问就有机会获得候选人所在公司的核心岗位、热门岗位需求信息，同时与自己的候选人资源进行匹配。而且，这种信息获取的方式非常自然、流畅，甚至可以说很隐秘，并不会让候选人感觉我们是在套他的信息，这一点非常关键。

自我训练

针对工作中的实际情况设计一套话术，目的是通过候选人了解岗位需求信息。

针对自己目前所负责的行业，以如何与候选人分享竞争对手公司的核心岗位需求为切入点设计话术。

围绕候选人公司的稀缺人才、人员流动情况、招聘困难岗位，设计相应的话术。

话术设计原则：强调自己拥有的优质资源以及可能为候选人提供的帮助。

3.4 确定关键联系人信息的话术

获取关键联系人信息,是一项非常困难的任务。

通常,猎头进行客户开发时首先想到的就是找负责招聘的 HR 或者负责猎头供应商管理的 HR。实际上关键联系人不局限于这两类人,我根据自己的实践经验,总结出来几类关键联系人信息,如图 3-2 所示。

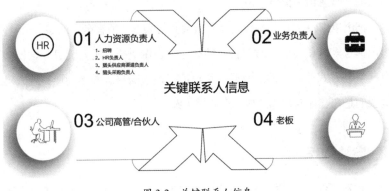

图 3-2 关键联系人信息

人力资源负责人

关于 HR 的信息,是可以直接和沟通的候选人打听到的。需要强调的是,在 HR 部门里负责招聘的、负责猎头供应商渠道管理的、负责猎头采购的人员,以及 HR 经理、HR 总监都有可能负责前期猎头引进的工作。

很多顾问经常会遇到这种情况:给负责招聘的 HR 打电话,对方很果断地说不用猎头,直接将电话挂了。但你明明知道,有个候选人朋友就是通过猎头推荐入职他们公司的。有可能这名 HR 虽然负责招聘,但引进猎头的工作不是他/她负责,而是上一级的 HR 经理负责,他/她没有这个权力,也不想多管闲事。最主要的是:也没必要跟一个陌生人解释,只想尽快把你打发走,让你彻底死心。

业务负责人

如果业务负责人自己的部门急缺人才的话，甚至可以直接合作，至少也会帮我们牵线搭桥到 HR 那里。

公司高管 / 合伙人

如果你联系的候选人是公司高管，这时一定要问他们是否用猎头渠道，能否合作。不要害怕被拒绝。事实上，这些高管大多比较好说话，对猎头也普遍比较友好。因为他们知道优秀人才对公司的重要性，也有一定的认知高度和格局。岗位越高的人，往往越谦虚、温和。从我这么多年接触的企业高管来看，确实大多是这样。

老板

很多顾问都忽略了这个渠道，在他们看来，老板可能不会直接接触猎头顾问。这是一种错误的认知，其实通过老板直接进行客户开发是一种非常有效的路径，而且成功率非常高，尤其是在 AI、大数据模型、物联网、科技金融等高科技类的初创公司中。这些初创公司非常缺人才，老板往往亲自上阵招揽人才。

举一个例子，2020 年，我们通过初创公司创始人开发客户成功。该公司总部位于杭州，于 2019 年 10 月成立，当时我们在给另外一家公司挖技术副总裁的时候，挖到了该公司的创始人张总。张总当时很果断地表示不考虑外部机会，因为正在和朋友一起创业。

听到候选人正在创业，我们的猎头顾问顺势提出问题："恭喜张总，你们创业主要做什么产品呢？"

经了解，张总公司是做手术机器人的，跟我们当时服务的行业非常匹配。所以，猎头顾问马上跟张总沟通了该公司的招聘人才情况。张总主动告诉我们的猎头顾问，目前公司才 30 多人，计划明年将规模扩大到

100人,也需要猎头顾问帮忙招聘。后来,张总约猎头顾问面谈,很快就签约了。那一年,这个客户为公司创造了100多万元的收入。

所以,如果是初创公司,建议猎头顾问一定不要放过老板这个渠道。

在获取关键联系人信息时,往往会用到以下常用话术。

话术1:"你们招聘/猎头负责人是哪位呀?麻烦您把名字和联系方式发给我吧,我去进行客户开发。请放心,我肯定不会透露信息来源是您提供的。"

话术2:"我手头上有很多做现场可编程门阵列(Field-Programmable Gate Array,FPGA)的专家人才,可以帮你们公司找人,麻烦您把负责招聘的HR名字和联系方式发给我吧,我去进行客户开发。请放心,我肯定不会透露信息来源是您提供的。"

话术3:"王先生,我手头上积累了不少数字化方面的优质候选人,您部门需要这样的人选吗?要不我帮您推荐一下。我跟HR直接沟通吧,您把HR的名字和联系方式发给我就行。"

话术要点解析

通过候选人索要客户公司招聘负责人的联系方式稍微有些难度,因为涉及个人信息,会比较敏感,候选人会有所顾虑。其中最大的顾虑来自候选人不了解猎头行业的规则,担心如果让当事人知道了,会对自己有影响。

作为猎头行业的从业者,我们深知不管通过什么渠道了解到候选人以及企业招聘负责人的信息,都必须严格保密。一是因为当事人一般知道猎头本事大、挖人的渠道多,能通过很多方式拿到个人信息,所以一般不会问信息的来源渠道；二是因为即使招聘负责人问到信息的来源渠道，猎头也一定不会说的，这是猎头行业的职业规则。

但是很多候选人并不了解这一点，由此会产生顾虑。所以，当猎头向候选人索要信息时，必须先入为主，主动强调信息保密以及猎头行业的职业规则，提前打消候选人的顾虑，这样才能大大提高成功率。

另外，候选人一般也不方便让本企业的HR了解自己在跟猎头接触，避免HR猜疑。所以，猎头直接从候选人那里拿到HR的姓名和联系方式是比较常规的做法。不建议候选人直接跟HR沟通，避免给候选人带来麻烦。

话术4："其实，我知道贵公司非常缺研发类人才，听朋友说HR天天加班到很晚找人，还被老板批评。要不您把HR的联系方式给我一下吧，我直接跟她建立联系，或许能帮到她。"

话术要点解析

从公司缺人才的角度切入，强调目前HR招聘压力大的艰难处境，在话术方面弱化向候选人要信息的做法，这样更容易被候选人接受。

话术5："我这里有一个人选特别优秀，'985'毕业的，'大厂'背景，对贵公司特别感兴趣。麻烦您把公司HR的联系方式给我一下吧，我把这个候选人无偿推荐给你们。"

话术要点解析

从具体的某个或某几个与公司匹配的优质人选出发，会使整个表述更有画面感、更真实；同时强调"无偿推荐"，让候选人感觉猎头顾问确实是在帮助公司。

想要说服对方,我们就要提供自己的价值,同时在措辞上与对方的利益相契合。

总之,猎头顾问在询问候选人公司 HR 的联系方式时,需要采取合适的话术,尊重候选人的意愿和决定,在说明目的的同时强调保密性。类似的话术还有很多,以上是我经常采用的,而且效果也不错。

猎头的话术非常重要,输出同样的内容,话术不一样,效果往往会有天壤之别。以确认公司岗位需求的两个话术为例,大家可以对比一下。如图 3-3 和图 3-4 所示。

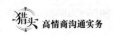

话术对比

话术1

您在公司是不是属于稀缺人才?你们公司一般缺哪些职能岗位人才呀?

话术2

直接问对方:你们公司一般都缺哪些职能岗位人才?

图 3-3　话术对比

> **话术对比**
>
> **话术1**
>
> 你们部门人员流动大吗？你们是不是也经常通过猎头挖人啊？
>
> **话术2**
>
> 直接问对方：你们公司用猎头吗？

图 3-4　话术对比

以上两个案例，话术 1 和话术 2 的提问方法，得到的结果是完全不同的。

话术 1 的效果明显更好，原因就在于话术 1 采用的是探讨的方式，既展示出猎头顾问的专业性，同时也体现了猎头顾问对候选人所在公司人才发展的关注，容易赢得候选人的信任与认可。而话术 2 采用的是直接问询的方式，会让候选人感觉是在打探消息，这种直接索要信息的方式会给对方带来很不好的感受，甚至会让候选人产生反感，对进一步的沟通造成障碍。

我列举的这些话术在实践中非常好用，它们都是我在多年实践中总结出来的。我踩过无数坑，吃了无数闭门羹；同时，我过往的一些教育经历以及兴趣爱好也为我提供了宝贵的启示。

以上话术，除了包含个性化的技巧之外，普遍遵循了以下几个原则。

前置语：顺势引出沟通内容。

后置语：为候选人和企业考虑，提供帮助。

内容引导：具体的技巧包括列出可选项，强指向性，先抛后引，带八卦味道，打消顾虑等。

自我训练

接下来请读者进行自我训练,结合自己的实际工作情况,总结一套适合自己的话术,想办法找到关键联系人的信息。

设计一套强调保密性的话术。

_____

从目前 HR 招聘困境切入,设计一套话术。

_____

从强调自身能提供的价值入手,设计一套话术。

_____

3.5 客户开发开场白沟通话术

客户开发流程中的第四条——客户开发沟通及跟踪,其中至关重要的一个环节就是开场白,这也是很多猎头顾问经常忽视的环节,殊不知自己"一开口就输了"。

开拓客户,就免不了要打电话。关于客户开发电话,**有这样一种说法:一个成功的客户开发需要打 14 次电话。**

这种说法虽无从考证,但想要成功开发客户,往往需要经过多次的沟通,极少有一两次就能成功的案例,这确实是不争的事实。

区别在于,有些猎头顾问经验丰富,对客户开发话术驾轻就熟,能自如应对各种情境,不管对方态度如何,都能快速从容地进行沟通,且往有利的方向引导。而有些经验欠缺的猎头顾问,不仅自我介绍毫无亮点,而且表达缺少逻辑,抓不住重点;在沟通遇阻时,大脑一片空白,局促不安，语无伦次，最后只能草草了事。

尤其是客户开发的首次电话沟通，双方都处于完全陌生的状态，最能看出一名猎头开发客户的功底，也在某种程度上决定着客户开发的成功率。毕竟人都有先入为主的习惯，第一次印象就不太好的话，后期想改善就比较难。

为此，有经验的猎头非常重视客户开发的首次通话，会尽可能给客户留下深刻的、良好的印象，从而大大提升客户开发成功的可能性。

2022年，我们团队操作过一个案例，客户是某民营航空航天企业，专门做飞控系统产品的。我让顾问去开拓这个客户，顾问第一次打电话后，给我反馈：招聘负责人说公司的确用猎头，但目前没有新增供应商的打算。

经了解，顾问第一次打电话就说。

我是北京某公司的猎头顾问，听说你们也用猎头，不知道有没有合作的机会？

这是错误的沟通方式，没有抓住客户的需求点。于是，我亲自给客户打了一次电话，我是这样说的。

我来自北京某猎头公司，专注航天发动机及控制领域的职能。我了解到贵公司在这个领域发展得不错，可能需要一些优秀的人才。正好我手头上有一些飞控算法类人才对贵公司有很大的兴趣。要不我们先建立个联系，后续如果有需要的话，看能否助力您的招聘工作？

听了我的开场白，招聘负责人很感兴趣，跟我进一步沟通了行业人才分布情况以及公司目前的紧缺岗位人才。

最终，双方顺利合作。

为什么同样一个客户，同一个HR，顾问没有开发成功呢？很明显，问题出在客户开发开场白的话术。

我的话术可以抓住关键内容，吸引了客户的注意力，介绍了我是谁、我擅长什么。而我擅长的领域正好符合客户的需求，能让客户感觉到我能帮助他。而且我并未直接说要合作，只是表示先建立联系，并强调后续可能提供的帮助。这样的话术，让客户感觉很舒服，沟通得体。

由此可见，同一家公司，同一个招聘负责人，不同的猎头顾问，所采用的话术不一样，效果往往截然不同。同时也充分说明客户开发电话的开场白非常重要，能否让客户快速了解猎头顾问的专业性与资源，并让客户愿意继续沟通下去，开场白的几句话起到了决定性作用。

商业上的高质量对话，大多建立在解决问题的基础之上。想要在短短的几分钟时间里，在彼此陌生的情况下，让客户对你产生好感和兴趣，甚至是信任，就要高度提炼、表达出客户关注的要点，这也是沟通的基本原则。

通常情况下，客户关注的，不外乎以下三点，如图 3-5 所示。

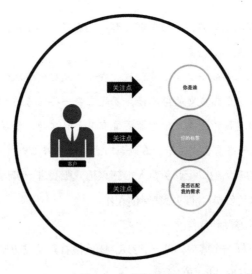

图 3-5　客户的关注点

第3章 客户开发各流程阶段话术

针对客户的三个关注点，我设计了一个客户开发开场白话术模板，猎头顾问可以根据个人实际情况，在这些模板的基础上修改并加以利用，如图3-6所示。

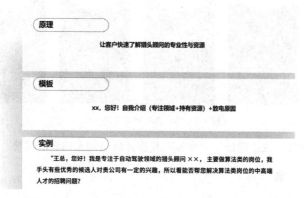

图3-6 客户开发开场白话术模板

与客户沟通，尤其是首次客户开发电话沟通，切忌形式化和长篇大论。一上来就说一通非常官方的介绍，很容易令客户反感，不想继续再聊下去，很多人甚至会直接挂掉电话。所以，表达一定要力求精练，越简洁越好。下面分析一下该模板。

自我介绍（专注领域＋持有资源）——"我是专注于自动驾驶领域的猎头顾问××，主要做算法类的岗位。"

解析：回答了客户的前两个关注点"你是谁""你的标签"的问题。

致电原因——"我手头有些优秀的候选人对贵公司有一定的兴趣，所以看能否帮您解决算法类岗位的中高端人才的招聘问题？"

解析：回答了客户的第三个关注点"是否匹配我的需求"的问题。

上述模板完全满足了客户的三个关注点。如果客户感兴趣，会选择进一步沟通，这时猎头顾问就要紧紧围绕客户的关注点，尽可能传递以下四方面信息，如图3-7所示。

图 3-7 客户开发初次沟通关键点

同时,我还设计了一个客户开发开场白话术的进阶模板,如图 3-8 所示。

原理

围绕 4 个关键点进行沟通

模板

行业专注 + 职能专注 + 客户专注 + 顾问背景

实例

"王总,自动驾驶领域是我们公司的重点领域,我主要做算法类的岗位,之前服务过 xx 公司,所以公司专门让我跟您对接。"

图 3-8 客户开发开场白话术进阶模板

通过上述两个话术模板,就可以成功向客户传递公司的重要信息,包括让客户知道公司是做什么的,有哪些资源,能提供什么样的服务。如此一来,客户开发首次通话的任务就已完成了大半,距离与客户合作也更近了一步。

值得一提的是，要想在客户开发首次通话就成功抓住客户的心，前期的准备工作一定要做到位，要非常清楚客户的需求，比如，客户的业务现状，客户主要的岗位需求方向，等等。正所谓知己知彼，百战不殆。

自我训练

接下来请读者进行自我训练，参考我的例子，结合自己的实际工作情况，总结一套适合自己的话术，如图3-9所示。

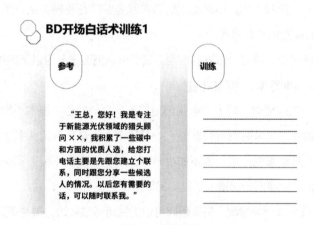

图 3-9　话术训练

3.6　客户后期跟进技巧与话术

这一节同样属于客户开发沟通及跟踪的内容，针对客户的后期跟进也是非常重要的。

在跟客户第一次沟通或者建立联系之后，有些猎头顾问往往会遇到以下一些棘手的问题。

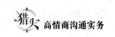

客户公司明明是用猎头渠道的，但是对接人却说不用猎头。

电话中明明讲好了，先给一个职位尝试合作，但挂断电话，加了微信以后，客户就"失联"了，微信不回复，电话也不接。

客户确实提供了职位，但经了解后才知道这些岗位都找了1年多了，网上的大部分候选人已经和客户接触过了。

……

诸如此类的问题还有很多，让很多猎头顾问不知所措，不知道该如何继续下一步的工作。实际上，这其实就是客户在委婉拒绝，至少说明对方没有强烈的合作意愿。

这就涉及后续客户跟踪的问题。我们可以把客户分为以下四种类型。

第一种类型：粗暴拒绝

第一次沟通时，对方一听说你是猎头，立刻回绝，根本不给你继续沟通的机会。这时有两种可能性：一是这个人不是负责猎头引进的直接负责人，对他来说，多一事不如少一事，所以直接以不需要猎头为由一口拒绝；二是他们公司确实暂时不需要猎头，没有这个计划。

如果是第一种情况，猎头顾问可以尝试再通过候选人渠道确认一下，看看这家公司到底用不用猎头，以及猎头负责人到底是谁，如果与自己沟通的这个人不是真正的负责人，就继续开发客户，不要放弃。

如果是第二种情况，猎头顾问同样可以强势出击，反正都被拒绝了，也没什么担心的了，只有继续沟通才有机会。

第二种类型：爽快合作

这时候，相信很多猎头顾问会非常开心，开发客户成功了。能合作当然是好事，但我依然想提醒各位，这里面可能存在猫腻。例如，客户不靠谱，存在很多其他问题，等等。大家在兴奋之余，还是要保持警惕和清醒。我不是泼凉水，但从我这么多年的经验来看，有时候这种非常顺利的合作，并不是什么好事情。

2021年，有一天团队顾问兴高采烈地告诉我，自己开发了一个大客户，而且特别顺利，开场白介绍完之后，客户就爽快地表示可以合作。

这是一家总部在深圳的电子制造企业，企业有上万人的规模，成立20多年了。岗位需求量很大，大约有20～30个岗位需求。

签约后，我们立即开始进行候选人的访寻工作，投入了3名顾问服务这个客户。经过45天的人才访寻，一共推荐了20多位候选人，其中进入复试阶段的有3人，但均不成功。经过分析，我选择放弃这个客户。

主要有以下两点原因。

这个客户一共用了50多家猎头公司，而且公司内部组建了十几个人的猎聘团队。放给猎头的岗位都是自己内部团队找了很长时间后实在找不到的岗位，而且是一个岗位同时放给多家猎头公司进行"厮杀"。这样就导致了像我们这种后加入的供应商很被动，找到的大部分候选人已经与客户以及之前的猎头同行接触过了，而且岗位都提前放给了同行。

同时，客户公司对候选人的要求比同行都高，但是薪酬偏低，业内的很多候选人都得降薪过来。

基于以上原因，虽然该客户合作了几十家猎头供应商，但是真正提供服务的没几家，因为优秀的猎头供应商一般也不愿意去服务这样的客户。

客户爽快答应合作的，如果满足以下3种情况，说明猎头顾问客户开发成功了，如图3-10所示。

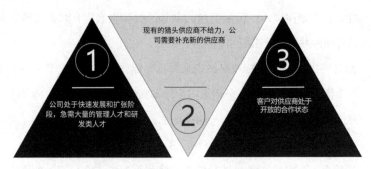

图3-10　3种客户开发成功的情况

客户爽快答应还有一种情况，就是该客户不靠谱，很多猎头同行不愿意与其合作，导致其缺少猎头供应商，这种情况下对于主动送上门的猎头公司自然答应得非常爽快。这就需要猎头谨慎判断，总之越容易得到的东西，越要谨慎。对于这种客户，对其再深入了解，判断其是否靠谱，是很有必要的。这就涉及客户后期跟进的话术，通过下面两个试探性话术，猎头顾问可以进行初步判断。

话术1：贵公司现在合作的猎头供应商"给不给力"呀？

话术2：贵公司今年需要猎头访寻的岗位大概有多少个？

第三种类型：友好拒绝

HR跟猎头沟通后说："我们暂时不需要增加供应商。"这次沟通至少证明该公司是用猎头的，以"暂时不新增供应商"为由婉拒，很有可能说明这个猎头供应商并不是客户所需要的。

所以，当客户友好拒绝猎头的时候，有很大一种可能性就是猎头顾问没有把客户关注的内容讲清楚，或者没有突出自身的优势。

当然，还有很多可能性会导致猎头顾问被拒绝。例如，沟通的这个人不是负责猎头引进的直接负责人，双方的沟通不畅，等等。

第四种类型：重点跟进

双方沟通完之后，客户既没有明确拒绝，也没有爽快答应，只说保持联系。这就意味着，这个客户是需要猎头顾问持续跟进的。这种类型的客户，往往占大多数，因此一定要引起猎头顾问的足够重视。因为如果后续跟踪的方法得当，成交的概率还是很大的，而且一般都是比较优质的客户。

从我的经验来看，需要做好以下两点。

第一点，注意跟踪节奏的掌控，要做到张弛有度。

第二点，以专业内容的沟通为主，以有价值的信息作为破冰工具。可以在跟踪的过程中，多跟客户分享一些行业的信息、竞争对手公司的动态、同行高管跳槽动态，等等。

这里分享两个后期跟进的话术。

话术1：我有些财务和销售方面的候选人资源，需要的话，可以分享给你。

话术2：我做了你们竞争对手——××公司市场人才的摸排，先建立联系，后期可以分享和交流。

对于重点跟踪的客户，如果能够做到"资源撬动、专业打动、沟通主动、持续跟进"的话，最终成功开发客户是大有希望的。

第 4 章

客户对接的八爪鱼模型及话术

客户对接属于猎头服务八个一级流程中的第二个环节,八爪鱼模型则是我从多年的实战经验中总结出来的一个模型,非常实用。

4.1 如何更好地对接客户？

优秀的猎头通常都具备将复杂问题简单化的思维和能力。猎头的流程虽然烦琐，却也可以简单归纳为客户开发、客户对接、候选人访寻这三大基础流程。在这三大基础流程中，人才挖掘是关键，是猎头硬实力的体现。为此，很多顾问在候选人访寻上会投入巨大的精力。

这当然没有问题，但我想提醒一点，千万别忽略与客户的沟通。在实际操作过程中，与客户保持良好的沟通，对提高业绩产出通常能起到事半功倍的作用。这就要求猎头顾问能够有效转变身份，成为一名客户经理。

与客户对接是猎头服务的重要环节，通过准确理解客户需求、筛选合适候选人、保持沟通和协调、安排面试、提供反馈与评估以及维护客户关系等方面的工作，猎头顾问能够为客户提供更全面、专业的招聘服务，帮助客户解决人才短缺的问题，促进企业的发展。

如果对接不好，会走很多弯路，甚至会造成很大损失。在我看来，与客户的对接太重要了，有时真的是一招不慎满盘皆输。所以我前期配合顾问的主要工作，就是判断客户是否靠谱，避免顾问走弯路，白忙活一场。

事实上，即使是我这种从业20年的资深猎头，也不敢保证一定不会看走眼。这几年我的感受很深，如今各行各业的生意相比之前真的太难做了，导致不靠谱、不优质的客户越来越多。需求离谱、拖款、不付款、跳单，甚至不支付服务费的现象比以前多了很多。

2003年年初，我们团队就遇到一个不靠谱的客户，我自认为在客户把控方面还是比较得心应手的，但最后还是栽了跟头。300万元年薪的候选人，被客户给撬走了。

这是国内一家做服装的民营公司，公司属于中等规模，2000多人，总部在杭州。跟客户签订了协议之后，我们立马组建了项目团队，并跟客户以腾讯会议的方式进行了公司和项目分析会。

除了了解常规的公司情况、岗位情况之外，顾问还了解到客户跟猎头供应商合作的情况，这家公司刚开始跟猎头合作，以前并没有这方面的合作经历。

前期的合同谈判以及项目沟通会，我都参与了。服务费率、合同条款都还不错，至少并不苛刻；对接的人力资源负责人直接向总经理汇报，有一定的决策权和话语权。而且经过沟通，感觉其为人比较温和，也比较专业。

在候选人推荐的过程中，面试推荐进展得很快，初试、复试，一切都在正常地进行中。合作了两周后，客户说"我们要是觉得你们推荐的候选人合适的话，就直接联系候选人面试吧。"其实在这个过程中，我跟客户之间的私下交流也比较顺利，所以顺着客户的想法就同意了。

大概一个半月后，客户说这几个岗位暂停了，公司在做组织调整。但三个月后，我们顾问发现，之前推荐的一个年薪300万元的集团公司副总裁的候选人已经到客户公司上班了。经过沟通，客户不承认是我们推荐的，说是自己找到的，而且我们也没有安排面试。而候选人也站在客户那边，说没有正式上班，就是先过去了解一下。

很显然，这是赤裸裸的跳单行为。对于这笔单子，我后来进行了深刻的反思，并总结出三点关于客户对接方面的血泪教训。

第一，猎头顾问一定要亲自协调和安排面试，绝不能完全做甩手掌柜，还是要盯紧候选人。

第二，不能被HR的个人特质所迷惑，他只代表个人。其实有些跳单的现象很可能是公司行为，HR也没办法。

第三，要了解客户目前是否跟猎头合作，以及猎头是否成单。在这个案例中，虽然我进行了判断，但还是存在侥幸心理。事实再次证明，这样的客户真的要格外谨慎。

猎头顾问如果想成为一名优秀的客户经理，需要具备**岗位需求分析能力、客户把控能力、候选人运作能力、理性思考能力、价值输出能力等核心技能**，这样才能在客户面前更有话语权。如图 4-1 所示。

图 4-1 优秀客户经理需要具备的核心能力

岗位需求分析能力

这是猎头顾问做好人才访寻的前提。岗位需求分析是否准确、到位，将直接决定访寻的结果。道理很简单，如果你连客户想要找什么样的人选都不知道，又如何帮助客户呢？

客户把控能力

大多数猎头顾问的客户把控能力都不好，主要原因是顾问的把控意识不强，还有一些人在客户面前唯唯诺诺，不敢主动把控。从我多年的从业经验来看，对客户没有把控能力的猎头顾问，业绩都不会太好。

如何更好地对客户进行把控呢？用一句话总结就是：以猎头顾问的职业视角，为客户提供专业的咨询指导和建议。

候选人运作能力

销售式猎头顾问基本没有这方面的意识和技能。举个例子，猎头顾问将候选人的资料给客户发过去了，客户反馈说不合适，销售式猎头顾问的答复通常是：“好的，继续找。”

我认为这样的回复可能存在两种情况：一是说明猎头顾问前期的工作没做到位，推荐的候选人自己都觉得不合适，完全是在给客户瞎推荐，所以在客户反馈候选人不合适以后，根本没积极争取与客户进行下一步的沟通；二是说明猎头顾问在候选人运作方面的能力还很欠缺，不知道该如何与客户进行下一步的沟通。

通常来说，猎头顾问既然将候选人推荐过去，那一定有推荐的原因和理由，是认为这个候选人是符合客户条件的。所以，这时猎头顾问要与客户进行深入沟通，说明理由，并询问客户是如何评估的，双方的分歧点在哪里。

作为猎头顾问一定不要畏惧，这是完全合理的沟通，很多时候客户会听取意见，并认同猎头顾问的评估，改变想法。分享一个我们团队顾问的真实案例。

2023年3月，总部在北京的某集团化投资公司，委托我们找一位大数据副总裁。有个候选人，我们觉得挺匹配的，但推荐给客户后，客户觉得这个候选人只有3年的团队管理经验，认为不太合适。

当时我们的顾问并没有放弃，继续和客户沟通。顾问认为这个岗位更侧重于技术层面，而不是管理层面，并强调了候选人在技术能力方面的优势，建议客户再深入考察一番。

当客户听到候选人技术能力非常强的时候，态度便有所松动，同意继续安排面试。最终，这个候选人顺利拿到了offer，但级别不是副总裁，而是总监，说明客户对候选人的定位还是比较准的。

理性思考能力

猎头顾问作为客户对接人，在与客户对接中出现任何问题，如遇到棘手的情况，都要保持理性，从专业的角度分析，千万不能情绪化，不能图自己一时痛快，将团队的利益抛诸脑后。

我曾有过一次不够理性、过于情绪化的经历。虽过去了很多年，但至今仍让我耿耿于怀，对自己相当不满意，时常以此提醒自己。

席卷全球的2008年金融危机刚刚过去，各大企业逐步恢复了活力。我们与一家世界500强汽车零部件公司已经合作了几年，连续几年回款都在百万以上。当时因为一个总监岗位的面试安排出现了状况，我竟然失去理智地说道："你们这样的客户太难伺候了，算了，不合作了。"

其实也不是多大的事情，就是采购总监面试的时间，之前因为各种原因候选人已经改了2次，最后到了CEO终面环节，在面试前30分钟候选人又因为临时有会取消了。对接的人力资源经理很生气，指责我不专业。我当时也觉得很委屈，说了气话。

事后想想，确实是我的问题。候选人多次改变面试时间，而且还让HR被CEO批评了一顿，人家说两句也很正常。而且从结果来讲，猎头推荐的候选人、安排的面试，最后出现状况，肯定是猎头的问题，其实没什么可委屈的。即便是候选人的问题，也应该由猎头来协调，表达歉意。

猎头顾问在对接客户的过程中，经常会遇到类似的小摩擦，所以我认为理性思考是非常重要的能力。

价值输出能力

猎头顾问除了向客户推荐候选人外，在对接的过程中还应该给客户输出很多有价值的东西。如果能将这些价值以合适的方式和时机进行输出，完全可以转化为实实在在的业绩。具体输出哪些价值，如何转换成结果，后面讲到八爪鱼模型中的两个价值时，会详细进行讲解。

4.2　八爪鱼模型

八爪鱼模型的寓意是从 8 个方面死死抓住客户。这些都是我通过多年实战经验总结出来的,猎头顾问只要掌握了客户对接的八爪鱼模型,并将其有效应用到业务中,即可迅速提升业绩。具体模型如图 4-2 所示。

一　1 个思维:站在客户的角度思考

二　2 个价值:结果价值和过程价值

三　3 个转化:在客户对接过程中,如何进行三个生意转化?

四　4 份总结报告

五　5 个信息互动及话术

六　6 个沟通技巧及话术

七　7 种特殊现象的处理

八　8 个专业流程点

图 4-2　客户对接的八爪鱼模型

1 个思维:站在客户的角度思考

猎头顾问要想与客户产生良好的连接,要想真正做到让客户满意,就必须学会换位思考,要懂得站在客户的角度和位置思考、看待问题,知道客户想要什么。以下是从客户角度考虑的一些常见切入点。

- 客户的岗位需求是什么?
- 为什么会有这样的需求?
- 需求难点在哪里?
- HR 喜欢什么样的沟通方式,电话、会议、邮件还是微信?
- HR 希望猎头顾问如何配合工作,便于其向领导交差。
- ……

这样的思考方式会让猎头顾问减少抱怨和情绪上的内耗，而是将精力用在行动上面，最终更有利于结果的达成。

2 个价值：结果价值和过程价值

结果价值，指的是最终成功为客户推荐合适的候选人，帮客户解决**招人的需求**。不过，猎头顾问都很清楚，候选人的推荐成功率很低。粗略统计显示，客户提供给猎头 10 个岗位，平均只会成交一单，也就是说，岗位成单率大概在十分之一。

如果没有体现出结果价值，怎么做才能让客户仍然认可猎头顾问，愿意继续合作，甚至有岗位需求时第一时间想到我们呢？

答案就在**过程价值**。过程价值指的是猎头顾问在服务过程中的**价值输出**。猎头顾问在为客户访寻人才的过程中，所做的很多工作都是有价值的，比如，候选人 Mapping 摸排总结报告，行业市场情况，候选人对客户的反馈、评价、顾虑，等等。这些做好了，对客户的帮助都很大，也就体现出了猎头顾问的过程价值。

3 个转化：在客户对接过程中，如何进行三个生意转化？

3 个转化的目标导向性很强，分别是：**提高服务费率、拿回高端岗位、争取独家机会**。

（1）提高服务费率

国际上，猎头服务比较规范的收费方式是在确定合作以后，往往会要求客户先支付三分之一的预付款。此外，过程服务是另行独立收费的。比如 Mapping 总结及市场调研报告等，另外还要再收费。

但目前国内的猎头市场，客户并不会为我们的过程服务买单。而且，客户的付费方式也都不是预付式的，直到候选人上班后才付款。再加上猎头服务的特殊性，候选人并不是唯一的，以及服务客户的猎头渠道也是多方的，很多时候是多家猎头同时找人。

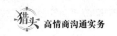

这些原因，导致猎头推荐候选人成功的概率大约在10%。也就是说，顾问操作10个岗位，最后推荐成功的通常只有1个。

所以，提高服务费率，我认为是合理且有必要的。那么，猎头公司怎么才能将服务费率提高呢？

其中重要的一点是要注重过程价值的输出，即使岗位最终没有推荐成功，但只要在过程中输出价值，得到客户的认可，通常会有惊喜出现。服务费率的提高，就是其中之一。

很多客户会说："我们的合同都是统一的，每家猎头都一样。"但事实未必如此，即使客户条款是一刀切的，也会有例外。

从客户的角度讲，每家猎头渠道的服务费率统一，确实是合理的，便于管理，也会减少麻烦。而且还有一个重要的原因，就是在客户看来猎头公司都差不多，无非就是找简历、找人，没有太大区别，既然没区别，那自然也就没必要区别对待。

但是对于作为供应商的猎头公司来说，这就是机会。如果能够在客户面前呈现出不一样的服务，和其他猎头供应商形成差异化，输出更多专业上的价值，那么提高服务费率则是完全有可能的。

（2）拿回高端岗位

要在猎头行业中脱颖而出，特别是要达到百万甚至更高年收入的顾问级别，专注于高端岗位的推荐是至关重要的。高端岗位在市场中属于稀缺资源，而正是这些稀缺资源，构成了我们实现高业绩的基石。

我深入分析了我们团队顾问的工作情况，得出了一个明确的结论：要成为百万级别的猎头顾问，每年至少需要成功推荐两个年薪超过100万元的职位，这意味着每个职位的收费可以达到20万元。此外，为了保持稳定的收入流，我们还需要每月至少再成功推荐一个收费在6万元至8万元之间的职位，这样一年下来，顾问的年业绩就能达到100万元。

为了实现这样的业绩目标，猎头顾问必须具备强烈的高端岗位转化意识。这意味着我们不能仅仅等待客户主动提供高端岗位的信息，而是需要主动出击，积极寻找和挖掘这些机会。高端岗位本来就少，你自己不争取，客户很可能会选择与其他猎头合作。而且，猎头顾问对高端岗位都很感兴趣，做起来也更起劲儿。

（3）争取独家机会

这个不难理解。同一个岗位，有的客户会放给好几家猎头公司，让猎头供应商们互相厮杀，客户自己坐山观虎斗，坐收渔翁之利。

你千万别认为不可能，在猎头行业这是很常见的。总之，大家记得要善于、敢于向客户要特权，争取独家机会，或者至少提前1～2周把岗位放给我们。

猎头顾问在和客户对接时，站在客户的角度思考客户想要什么，这就是"1个思维"；猎头顾问能给客户带来哪些价值，这就是"2个价值"；猎头顾问提供价值以后，能获得什么样的结果，带来怎样的收益，这就是"3个转化"。具体逻辑示意图如图4-3所示。

图4-3 逻辑示意图

4 份总结报告

写报告文件在猎头的日常工作中是比较重要的,但对于具体需要写哪些报告文件,为什么要写,在什么情况下写,写了之后能带来什么样的好处,很多顾问还是不太清楚。所以分享下八爪鱼模型的第四项内容:4 份总结报告,如图 4-4 所示。

图 4-4 总结报告

(1) 候选人薪酬报告

当候选人的期望薪酬高于客户所提供的薪酬时,猎头顾问就需要有针对性地写一份报告来详细了解候选人目前的薪酬情况,包括每月基本薪酬、绩效薪酬、年底奖金的具体金额、发放的方式和时间节点、各种福利待遇、公积金,等等。公积金经常容易被忽略,它与保险不同,但也属于现金收入的一部分,因此应该被纳入年薪中。

有了详细的薪酬报告信息,就能够让客户系统、全面、客观地了解候选人的实际薪酬情况,从而进行综合的评估和考量,引导客户进行合理定薪。

(2) 客户顾虑点分析报告

客户在面试完候选人后,对候选人整体比较认可,但在某些关键问题上仍存在一些顾虑。这些顾虑主要集中在候选人的稳定性、对企业的认可度、家庭因素以及对工作地点与通勤距离等方面。

因为还有所顾虑，客户犹豫不决，导致招聘流程处于停滞状态、推动不下去。这种情况下，猎头顾问就有必要针对客户的顾虑点，与候选人进行深入的沟通交流，并将这些信息最终整理成一份正式文件发给客户，尽可能打消客户的顾虑，继续推动招聘流程，帮助候选人早日拿到offer。

（3）暗调报告

当客户对候选人的选择比较纠结，迟迟做不了决定时，猎头顾问可以通过与候选人身边的同事进行沟通了解更多关于候选人的信息，并据此做一份简单的暗调报告。这样既显得猎头有专业性，同时又更有说服力。从过往经验来看，这样的暗调报告通常能促使客户做出积极的决定。

暗调报告一定要谨慎，绝对不能影响候选人目前的工作，这也是猎头这份职业的原则。猎头顾问电话沟通的第一句话都会习惯性问候选人现在方便沟通吗？就是这个目的。

关于暗调报告的方式有很多，可以通过跟候选人的前同事探讨和分享的方式，了解身边的优秀人才。这里分享一下国际顶级的猎头公司是如何推荐人才的。

国际顶级的猎头公司，猎寻的都是CEO、CTO等年薪几百万美金级别的职位。它们的顾问在推荐候选人之前，对候选人都会进行详细的调研和了解，所了解的信息绝不止公司、岗位、业绩这些基础信息，还包括候选人的家庭背景、性格、兴趣爱好、个人需求等，真的可谓是挖个底朝天，然后给客户写一份十几页的推荐报告。

在这个过程中，基本是暗调。

关注我公众号的读者和学员可能都知道，我个人职业生涯最大的一笔单子，是为一位候选人成功找到一个年薪税后1200万元的职位。这笔单子打破了中国猎头行业的纪录，轰动了全行业。

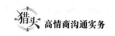

这个单子是给国内一家规模较小的民营房地产公司推荐一位集团总裁。客户刚开始其实想找的是副总裁。我在找人的过程中,发现了一个候选人很适合总裁的岗位,于是我通过暗调的方式,其实就是通过地产行业的几个候选人朋友,了解到这个候选人是985毕业的,主修建筑学专业,管理方面喜欢铁腕治理,在过往的两家公司都操盘过业内影响力非常大的项目,破局和变革的能力非常强。暗调完成之后,我把候选人的情况以报告的形式跟客户进行了沟通和推荐,最后就成了。

所以,暗调报告方式在很大程度上是可以打消客户顾虑的,而且在推荐之后,能让客户对候选人有非常清楚的了解,避免在简历筛选时把合适的候选人给刷了。

(4) Mapping 总结报告

通俗地讲,Mapping 就是用地毯式搜索的方法访寻候选人。根据客户所在的行业、区域、产品,列出要访寻的目标公司,针对这些特定的目标公司,再进行人才搜索,最终呈现出完整的 Mapping 组织架构图。

Mapping 总结报告至关重要,可以说是搞定客户的万能钥匙。因为从客户的角度讲,他们并不需要那种只会搜简历的猎头。

一旦客户认可猎头顾问,那么跟客户要独家岗位、高端岗位,甚至增加收费比率,成功率就会更高。而且在合作过程中,即使出现一些小问题和瑕疵,客户一般也会选择性过滤掉,对猎头顾问更加包容。因为这些小问题相对于你的深入 Mapping 报告,太微不足道了。

所以,作为猎头顾问,一定不要忽视 Mapping 报告的重要性。它是一块砖,抛出去以后,会引回来很多块宝玉。

最后,针对4份总结报告,强调3点注意事项。

1. 内容要简洁、精炼。客户没时间看长篇大论,总结报告只要表达具体,信息全面就行。

2. 汇报形式需要正式一点。建议优先采用邮件的方式进行沟通，最好不要选择电话沟通。尤其是客户顾虑点分析报告和暗调报告，HR通常是不能口头直接上报的，会承担风险。猎头顾问做这项工作，实际上是在为HR分担压力，因而HR往往更愿意继续在业务部门或者老板面前去推动招聘流程。

3. 不一定要集中一次分享，可以随时随地多次分享给客户，比如，Mapping信息中的对标公司的架构、人选情况等，都可以随时分享。这样和客户也能保持一定频率的沟通。

自我训练

根据实际工作情况，针对"4份总结报告"整理一份文件，然后与客户进行沟通，并记录反馈效果。

5个信息互动及话术

我通过对公司猎头顾问的观察，以及与一些同行猎头朋友的沟通发现，大部分猎头顾问平均每天跟同一个客户沟通的次数不超过两次，有的一天都不沟通，有的甚至一个星期都不沟通。

在我看来，这是不及格的，至少在我的团队里，一般不会容许有这种情况。我经常跟团队顾问们强调，每天平均至少要跟同一个客户沟通5次。我个人至少是10次。

不少猎头顾问会感到困惑，每天频繁沟通令客户感到厌烦怎么办？每天频繁沟通都说什么？根据我的经验，每天频繁沟通是很有必要的，而且只要是业务方面的事，客户并不会觉得烦。这里猎头可以根据八爪鱼模型中的"5个信息互动"与客户进行沟通，具体内容如图4-5所示。

图 4-5　5 个信息互动

（1）行业动态

客户 HR 对所在行业大公司的动态一定很感兴趣，也有了解的必要，毕竟每个职场人都会关注自己所在行业的动态，对于负责为公司招贤纳士的 HR 来说更是如此。

（2）竞争对手人才招聘信息

了解竞争对手的招聘信息，至少可以对竞争对手前来挖角有所警惕和防范，这也是 HR 的日常工作。

（3）明星高管跳槽动态

客户如果了解行业内明星高管跳槽的动态以及其他公司目标候选人的情况，也能第一时间为公司招兵买马。因此，这方面的信息对于 HR 来说也很重要。

（4）目标候选人情况

它包括候选人目前对岗位的意向、薪酬、在所在公司工作的时间年限、跟老板的关系等。

（5）客户公司高管职位变动

比如客户公司某位营销副总裁被公司提拔为总裁了，或者被调到品牌副总裁岗位等。这些信息都是客户所关心的。

以上5个信息对客户有很高的价值，因此从这5个方面进行沟通，HR绝对不会感到厌烦。针对以上5个方面的信息与客户互动，能够增强彼此的黏合度，时刻引起客户对猎头顾问的关注，起到"提醒客户关注猎头顾问"的作用。

接下来讲一下具体的话术。

行业动态的话术

话术："你们行业内某公司最近被收购了，现在正进行公司组织架构调整，您知道吗？需不需要我们帮您挖几个高手过来？"

话术要点解析

猎头顾问先分享一些行业动态变化的信息，吸引客户的兴趣，然后紧接着询问客户是否有挖人的需求。

竞争对手人才招聘信息的话术

话术："你们的竞标公司A公司目前正在大力扩张，大量招聘研发和销售类岗位，咱们公司有没有人被挖走啊？"

话术要点解析

HR经常需要面对竞争对手挖角的情况，所以这类信息一定会让HR警惕，猎头顾问可以据此展开沟通。

明星高管跳槽动态的话术

话术1："听说华为的××去了万达？"

话术2："啊，有这事？什么情况啊？"

话术要点解析

类似明星高管跳槽的信息，HR 都会感兴趣，猎头顾问可以以此作为切入点，跟 HR 进一步沟通，进而拉近彼此关系。

目标候选人情况的话术

话术 1："这个候选人非常适合营销一把手的岗位，可惜年龄有点偏大。"

话术 2："这个候选人跟老板干了十几年，不容易挖过来。"

话术要点解析

虽然没有挖到候选人，但是这类话术可以让 HR 意识到猎头顾问确实在努力找人，并让 HR 了解进度，以便向领导汇报。

客户公司高管职位变动的话术

话术 1："李总入职咱们公司后，部门接下来会有调整吗？需不需要我们给您提前储备一些人选？"

话术 2："听说××离职了，这个位置是怎么安排的？需要从外部招人吗？"

话术要点解析

当猎头顾问掌握客户公司高管职位变动的信息后，一定要及时跟 HR 沟通，因为高管的职位往往比较重要，HR 一般会比较着急，这时用到猎头顾问的可能性更大。

自我训练

根据自己的实际工作情况,结合"5个信息互动"总结一套与客户沟通的话术,然后每天至少与客户联系5次,并记录客户反馈。如果令客户感到厌烦,或者不回信息,可以适当调整话术,见表4-1。

表4-1 话术训练表

5个信息互动	具体话术
行业动态	
竞争对手人才招聘信息	
明星高管跳槽动态	
目标候选人情况	
客户公司高管职位变动	

6个沟通技巧及话术

客户对接的6个沟通技巧,如图4-6所示。

图4-6 6个沟通技巧

第 1 个沟通技巧：先抛后引

猎头顾问先抛出对客户有价值的信息，也就是客户关注的、感兴趣的内容，比如前面提到的"5 个信息互动"的内容，和客户聊开了，再引出自己想了解的话题。只要猎头顾问提供的信息对客户有价值，一般会得到有效反馈。

话术 1："我们主要摸排了目标公司 A 公司，一共找到了 20 个候选人。A 公司分 5 个大区，区域负责人比较合适，但我们发现很多人被其他猎头公司联系了。"（抛出话题）

话术 2："您还继续把 A 作为目标公司吗？这个岗位之前放给别的猎头公司多久了？为什么还没找到，候选人不合适的原因是什么？都找了哪几家公司？"（引回话题）

话术要点解析

上述话术只是参考模板，猎头顾问要根据实际工作情况进行调整，比如引回话题的部分，并不适合进行连珠炮式提问。抛出话题，然后根据客户的反馈，循序渐进插入自己想了解的问题，这是一个多年经验积累的过程。沟通要自然，不能让客户意识到你是在套信息，这需要我们在实际工作中反复练习。

第 2 个沟通技巧：工作汇报

猎头顾问要对访寻工作进行阶段性的总结，也是一个比较好的沟通机会，主要汇报这个过程中猎头顾问干了什么。

话术 1：（针对 HR）"我昨天重点挖掘了 ×× 公司的候选人，有一个集团研发部门的人选还不错，目前正在跟进中。对了，昨天面试的那个

人选怎么样，有哪些优势？你们对这个人有什么顾虑吗？研发经理这个岗位已确定的候选人是什么背景？"（候选人面试反馈）

话术2：（针对HR）"嵌入式软件开发工程师商先生已经提出了离职，正在进行工作交接，能按正常时间上班。另外，现在还有哪些岗位需要我们继续访寻？××岗位，咱们面试了哪些公司的人选？候选人不合适的原因是什么？"

话术3：（针对HR负责人）"我们目前主要做IT和研发的岗位，已经推荐10个人，进入终试2人，进入复试3人，（可以截图系统中的关键绩效指标统计数据）给您汇报一下。对了，咱们总经理那个岗位不着急吧，我们找了很久了，感觉进展有些慢，没有反馈。"

针对负责具体招聘工作的HR，话术主要涉及具体的岗位和人选；而对于HR负责人或更高职位的高管，话术的侧重点放在阶段性总结，简洁系统地进行汇报。针对以上话术的解析如下。

1. 清晰简明。工作汇报宜简明扼要，直接切入主题，列出关键信息，如岗位名称、候选人姓名、面试进展等。避免使用过多的废话和重复的表述。

2. 重点突出。在工作汇报中，需要突出候选人的特点和亮点，以及面试的进展和下一步计划。同时，也要强调HR的关注点，如候选人的技能、经验和与团队的匹配度等。

3. 积极沟通。工作汇报不仅是为了向HR汇报进展，更是为了与HR建立良好的合作关系。因此，在汇报中应该使用积极的语言和语气，表达对客户的关注和尊重，以及对职位的重视和投入。

4. 及时反馈。工作汇报应该及时进行，以便HR能够及时了解进展和反馈情况。在工作汇报中应该对 HR 的反馈和建议进行积极的回应和讨论，以便更好地推进招聘工作。

第 3 个沟通技巧：提问技巧

提问是所有思考的前提，哲学始于提问。问题可以分为两种类型——封闭性问题和开放性问题。封闭性问题是为了求证事实，开放性问题是为了获得更多的观点；封闭性问题设置了范畴，开放性问题打开了空间。这两类问题对猎头顾问都很重要，关键是要用对地方。

举个例子，关于客户"5 对标""10 沟通"（详见第 7 章）的需求分析，就需要用开放性问题，因为猎头顾问希望得到客户更多的信息。

话术 1："您好，请问咱们公司的全国业务架构是如何设置的？"

话术 2："您好，请问咱们这个岗位复试通过的候选人都有哪些？具体背景怎么样？"

话术要点解析

上述话术都采用了开放性问题，目的是得到更多信息。

第 4 个沟通技巧：敢于说不

虽然客户是甲方，但并不意味着猎头顾问不能说"不"，还是需要就事论事。这样，客户反而会觉得我们更加务实和专业，更加容易信任我们。总而言之，要拒绝得合情合理。

话术："张总，咱们这个岗位，目前顾问手头上储备的资源不多，我梳理了一下，暂时没有特别合适的人选推荐。这个岗位对顾问来说操作有些困难，我们推荐人选的效率不会很快，跟您说一声，别耽误公司的招聘进度。"

话术要点解析

不要害怕拒绝客户，但是一定要给出原因。哈佛大学心理学家埃伦·兰格（Ellen Langer）做过一个实验：在排队使用复印机时，如果想要插队复印文件，只需要有礼貌地提出请求，并且为请求说明理由，94%以上的人会答应这位插队者的请求。

埃伦·兰格因此得出结论：想获得别人的帮助，就需要提供给别人一个帮助你的理由，如果理由合理，那么获得帮助的概率将大大增加。

基于以上分析，我认为猎头顾问完全可以拒绝客户，但是拒绝一定要合情合理。

第 5 个沟通技巧：共情

共情的沟通技巧不仅在面对候选人时需要，面对客户时也需要。在与客户沟通过程中熟练运用共情技术，能够对猎头顾问起到切实有效的帮助。

心理学上的共情沟通技术是指一种能够理解他人情绪和感受的能力，以及能够以他人的角度思考问题并做出适当反应的能力。具体来说，共情沟通技术包括以下 5 个方面。

1. 识别情绪。能够准确地识别和理解他人的情绪，包括情感和感受。

2. 理解共情。能够从他人的角度思考问题，理解他人的情感和感受，并能够将心比心地体验对方的感受。

3. 澄清问题。能够通过深入的交流和理解，澄清对方的问题和需求，以及解决问题的最佳方式。

4. 提出建议。能够根据对方的问题和需求，提出切实可行的建议和解决方案，并能够以恰当的方式表达自己的意见和想法。

5. 解决问题。能够通过与对方的合作和共同努力，解决问题并达成共识，建立更紧密的关系。

话术："按照您的背景、工作经验和能力，目前年薪50万元确实有些低，毕竟薪酬能体现人才的价值，所以您的期望年薪是90万元，我能理解。"

话术要点解析

猎头顾问首先要识别候选人情绪，当候选人对目前薪酬不满意时，完全可以采用上述话术，从候选人的角度考虑问题，表达目前的薪酬并不能与他的能力匹配，这样更容易引出下一步的沟通。

第6个沟通技巧：示弱

这个沟通技巧一般用于向客户催款，适当示弱、"卖惨"并不丢人，反而可以加快回款的速度。

话术："李经理，我们又要进行业绩考核了，能不能本周支付款项，否则我要被扣奖金了？"

话术要点解析

大部分人有同理心，适当"卖惨"可以很好地激发对方的同理心，从而达到自己的目的。

自我训练

根据自己的实际工作情况，结合上述6个沟通技巧，设计一套与客户沟通的话术，并记录客户反馈，见表4-2。

表 4-2 话术训练表

6 个沟通技巧	具体话术
先抛后引	
工作汇报	
提问技巧	
敢于说不	
共情	
示弱	

7 种特殊现象的处理

由于猎头行业的特点，猎头顾问对生意的把控力并不是很强，尤其是在如今的市场形势下，客户更复杂，同行竞争更激烈，生意也更难做了。所以，猎头顾问在与客户对接的过程中，需要时刻保持敏锐的嗅觉。一旦出现不利于进展的迹象，要及时捕捉，并且努力想办法解决。

根据我多年与客户沟通的经验，一旦出现以下 7 种现象，就需要引起猎头顾问的警惕，如图 4-7 所示。

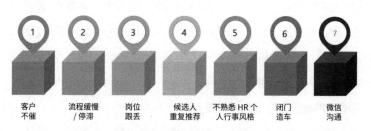

图 4-7 需要引起重视的 7 种现象

第 1 种现象：客户不催

当客户给猎头顾问提供岗位需求之后，并不催着要人。如果猎头顾

问因此感觉毫无压力可就错了。出现这种情况,有很大的可能性是客户并不急需你的服务,也就是说并没有把你当成核心供应商。另外,从业务的角度分析,可能是因为岗位不着急,有目标人选,顾问推荐的候选人不合适,或者提供给你的岗位是难啃的硬骨头,等等。

这时,就需要引起猎头顾问的警惕,然后及时进行沟通。

第 2 种现象:流程缓慢／停滞

猎头顾问推荐的候选人总是处于等待状态,尤其是处于简历待反馈、待初试的流程前期阶段。一旦出现这种现象,猎头顾问就需要分析背后的原因,是岗位调整了,还是岗位的需求不着急,客户已有目标人选,顾问推荐的候选人不合适,等等。总而言之,要把问题找出来,不能继续盲目地访寻下去。

第 3 种现象:岗位跟丢

这也是非常让猎头顾问郁闷的一种情况:经常会出现候选人推荐不久,岗位就被停掉了。反馈原因是内部提拔,HR 自行找到合适人选、其他猎头公司推荐成功,或是岗位本身被取消等。

遇到这种岗位跟丢现象,建议后续再接到该客户的其他岗位时,与猎头顾问要提前对岗位进行一定的判断和分析,跟客户做好充分的沟通,比如,岗位开放的原因、时间,是否有内部提拔的计划,是否已经提前放给了同行,什么时候放出的,等等。根据这些情况,进行综合分析后,再决定投入多少精力进行操作。

第 4 种现象:候选人重复推荐

这里指的是同一个岗位,客户放给了多家猎头供应商,或者是 HR 自己实在找不到了,再来找猎头。这种情况下容易出现候选人重复推荐的问题,猎头顾问把候选人推荐过去以后,发现要么已经有其他猎头推了,要么客户的资料库中已经有这位候选人了。

如果你的深入 Mapping 技能很强，那么候选人重复推荐的概率就会很低，因为 Mapping 到的候选人往往都是"冰山下的人才"，是别人不知道的。但如果猎头顾问只是单纯地从网上搜索，那么重复的概率就会很高。

解决方法就是与 HR 多沟通，巧妙利用话术为自己赢得机会。

第 5 种现象：不熟悉 HR 个人行事风格

作为猎头顾问，在与客户 HR 对接的过程中，是不是经常感觉跟对方难以沟通？你说的客户不关心，态度比较冷淡，客户问的你又答不上来。

造成这种问题的原因有很多，其中有一点就是 HR 个人行事风格的问题。猎头顾问在与 HR 沟通的时候，一定要仔细观察，认真分析 HR 的一些个性化的风格，包括脾气秉性、聊天喜好、说话方式等，然后根据 HR 的风格进行调整。

以上5种现象主要出现在客户端。除此之外，在与客户对接的过程中，猎头顾问自身也要注意两种情况，也就是接下来要讲的第 6 种和第 7 种现象。

第 6 种现象：闭门造车

这是客户比较忌讳的一种现象，很多猎头顾问只有在有合适候选人的时候才去找客户沟通，其他时候只是闷头找人。实际上，越是没找到候选人，越需要跟客户沟通，否则最后很容易丢掉客户，尤其是新客户。

换位思考就能明白，如果你是 HR，委托的猎头顾问一直没有反馈，你会想对方到底在干什么？有没有努力找人？猎头供应商这么多，换一家不就完了。

很多猎头顾问不知道该聊什么，我们已经讲过，只要是业务方面的事，一般客户都不会感到反感。除此之外，还可以聊客户的兴趣爱好，只要善于思考，能聊的话题一定很多。

第 7 种现象：微信沟通

这也是在工作对接中经常遇到的一种现象，很多猎头顾问什么事都习惯用微信沟通。对于简单的信息，可以通过微信传达，但关于候选人推荐理由、客户公司情况、岗位需求、候选人面试反馈、谈 offer 等内容，我建议还是通过打电话的方式进行深入沟通，这样效率更高，有时候还能够获得意想不到的惊喜，如有价值的信息。

自我训练

结合自己的实际工作情况，检验是否存在上述 7 种现象，如果存在相应的问题，请积极思考应对方式，并在接下来的工作中检验效果。

8 个专业流程点

思路决定出路，细节决定成败。猎头工作的每个细节和流程都很关键，有时在某个方面稍有闪失，就会导致满盘皆输。

8 个专业流程点在猎头业务流程中是非常重要的，能够体现出猎头的专业性，对提升业绩能够起到关键作用，如图 4-8 所示。

图 4-8　8 个专业流程点

第 1 个流程点：岗位需求

猎头顾问拿到岗位需求后，首先要进行岗位分析，精准定位人才画像。关于岗位需求的沟通，由于是猎头工作的重要流程，所以对顾问的专业性要求很高，一定要予以重视。

第 2 个流程点：主动挖掘潜在需求

猎头不能等着客户给岗位，而要学会主动挖掘客户的潜在需求，这样才能第一时间拿到客户的岗位，甚至可能是独家岗位。

话术："张经理，咱们本周是否有新职位产生？目前正在招聘的职位哪些是最紧急的，麻烦您按紧急程度进行排序？正在招聘的职位哪些是需要继续寻访的？"

第 3 个流程点：岗位状态

对于岗位状态的了解，**通常分为两个方面**。第一，了解刚拿到的岗位的状态。

话术："咱们这个岗位是什么时候开放出来的？是否有初试、复试、终试阶段的候选人？"

第二，岗位操作过程是随时变化的，因此猎头顾问要随时关注岗位招聘进展以及流程中人选的情况。

第 4 个流程点：候选人推荐理由

很多时候，简历并不能完全反映出候选人的实际情况。所以，猎头顾问除了向客户推荐简历之外，还要有针对性地给出推荐理由。比如，向客户介绍候选人的突出优势及劣势、过往工作经历中的典型案例、职位在组织架构中的位置、候选人意愿，等等。

猎头顾问要将候选人在简历中没有体现出来的优势及亮点找出来，推荐给客户，避免 HR 看完简历就直接淘汰掉候选人。一旦候选人在简历阶段就被淘汰，尤其是被业务部门淘汰的，猎头顾问再想往前推进就很困难了，因为这种情况下 HR 也不太愿意反复沟通协调。

尤其是高端岗位，猎头顾问不要以为把简历推荐过去就万事大吉了，要在客户反馈之前追着沟通，详细说明推荐理由。

第 5 个流程点：面试反馈

猎头顾问从客户那里得到的面试反馈，不能仅局限于结果是否通过，而是要详细地跟客户了解情况。

话术："张经理，咱们对候选人的具体面试评价是怎样的？关于这个岗位，候选人有哪些优势和劣势？咱们有哪些顾虑？"

即便候选人通过了面试，这些反馈仍然很重要，有助于猎头顾问更全面地了解客户的岗位需求、客户喜好等更多有价值的信息。

如果没有通过面试，更需要猎头顾问了解清楚具体情况。哪些维度没有达到客户需求，最主要的原因是什么？看看是否有挽回的余地，哪怕这个人选挽回不了，也能帮助我们在推荐下个人选时少走弯路。

第 6 个流程点：客户项目复盘

我向团队顾问反复强调过，一定要有项目复盘的意识，要针对过去项目所遇到的问题、候选人对客户的整体反馈等和客户进行系统的复盘。尤其是对于在应聘中遇到卡点的候选人、大单候选人等重要的信息，要及时听取客户的指导意见，尽快纠偏，推动招聘工作的顺利进行。

第 7 个流程点：客户访谈

所有良性的合作关系，都是沟通出来的。所以，我对团队顾问的要求就是要定期进行客户访谈，包括月度访谈、季度访谈、半年访谈，等等。客户访谈不但能够帮助猎头顾问全面、系统地了解客户，而且也能了解自身的情况，便于及时做出调整。

第 8 个流程点：人才盘点

人才盘点的目的是提前预判客户需求，基于产品业态架构或组织架构（人才）引导客户梳理城市、区域及集团各条线的人才需求，从而达到提前预判客户未来中高端岗位需求的目的。

一般来说，这种方式适用于重要客户以及岗位量需求较多的客户。由于对猎头顾问的要求比较高，资历浅的猎头顾问还不具备这项能力，所以通常是由管理者或者资深顾问完成。

4.3 八爪鱼模型案例解析

2008 年我成功操作了一个单子，当时正值全球金融危机，能完成这样的大单实属不易。

客户：某国际四大会计师事务所。

岗位：商务总监。

岗位核心需求

1. 四大会计师事务所及咨询公司背景。

2. 专注中国电信市场，有一定的市场开拓能力和资源。

3. 英文流利（需要向美籍华人合伙人汇报）。

访寻过程

我清晰地记得，那是春节后的第一个工作日，大年初八，同事们过节回家尚未返京。上午我接到了客户 HR Grace 打来的电话："Janice，今年全球金融危机，我们职位不多，给你一个独家的岗位，电信行业高级经理。"

由于这家客户已经服务了两年多，对职位比较了解，不需要过多地沟通职位需求。在接下岗位后，我立马锁定其他三大会计师事务所，以及毕博、IBM、源讯等七八家目标公司。

首先与之前联系过的候选人进行沟通，一天下来，收到了一个候选人推荐的简历，被推荐人名叫 Jason Zhang。

快下班的时候，我主动给 Grace 打了电话，"汇报"当天的访寻情况："Grace，今天和十几个人进行了沟通，但是没有适合这个岗位的人选，只找到了一个电信行业的人选，背景和经验很丰富，49 岁，但英文口语不好。"

Grace 说："你可以发给我看看，我们有这个岗位，只是我放给了另外一家香港的猎头公司，你们两家各一个高端岗位。"

客户对该人选的反馈：背景确实不错，但英文是个问题，就这样暂时搁置了两三天。

之后，我再次跟客户沟通了该候选人，表示这个人选除了英文不好之外，应该是最适合该岗位的人选。因为毕博之前开拓电信市场就是该人选主导的，客户目前想从零开始进入中国电信市场，更多需要的是资源和对体制内客户流程的充分了解，这些事务也并不需要英文。而且市场上这样的人选应该非常少。

在 HR 的建议下，我做了一份详细的关于中国电信咨询市场的现状、几大咨询公司开拓电信市场的模式以及市场现有人才分布情况的英文 PPT。

再后来，经过面试、沟通、谈薪，大约 3 个月后候选人正式加入了客户公司。

案例分析

1.客户放出岗位时，为什么首先想到了我们，而且还给了独家岗位？

这是因为在之前合作的过程中，我们是完全采取地毯式摸排的方式，会不定期把摸排过程中的一些信息与客户及时沟通，比如，三家目标公司人才招聘情况、目标人选情况等，就是利用了 2 个价值、5 个信息互动。

2.访寻第一天，下班后的沟通就采取"6 个沟通技巧"汇报了当天的访寻情况。没想到得到了意外的收获，竟然通过主动给推荐客户不同岗位的候选人，拿到了客户的另外一个岗位。所以我总是强调，猎头顾问一定要嘴勤，多互动，随时引起客户对猎头的关注，这样客户有岗位需求时才会第一时间联系顾问。

3.由于候选人的英文水平达不到客户的要求而被客户搁置时，我并没有放弃。相反，我积极行动，准备了一份详尽的市场报告，这份报告包含了 Mapping 总结报告和客户顾虑点分析报告。为了更直接地与客户沟通，我选择了以全英文、正式书面的形式，亲自前往客户处进行现场呈现。通过这份精心准备的报告，我成功打动了客户，使得原本被搁置的候选人得以继续推动，这正是总结报告文件所发挥的关键作用。

4.当时 HR 让我写 PPT 总结报告的时候，我非常爽快地答应了。虽然有一定难度，需要投入大量的精力，但是换位思考便不难理解，HR 怎么可能直接给老板推荐一个一句英文都不懂的候选人呢？这就是"1 个思维"：理解客户让我们这样做的目的，其实是在帮助猎头自己。

5.本应该将英语作为工作语言的岗位，我为什么会推荐一个不懂英文的人选呢？这就涉及"8 个专业流程点"中的第 4 个流程点——候选人推荐理由。在市场调研报告中，我充分说明了强烈推荐这位候选人的原因，并从行业、市场、候选人本身等几个维度进行了深入剖析。

从这个案例中,我们可以看到,八爪鱼模型几乎全部用到了。只要猎头顾问掌握了八爪鱼模型的思路和方法,并在实际工作中熟练运用,那么在操作每个岗位的过程中几乎都能用到这些方法。

第 5 章

客户需求分析方法及话术

客户需求分析也是猎头服务流程中非常重要的流程。本章除了介绍客户需求分析的内容构成要素、8个主要渠道之外,还介绍了相关话术,帮助猎头专业、系统地进行客户需求分析,准确理解和掌握客户对人才的真正需求。

5.1 客户需求分析的内容构成要素

对于猎头来说，在人才访寻前，进行客户需求分析是一项最基本的业务能力，同时也是决定成败的一项重要技能，岗位需求分析的质量将会直接决定最后的结局。

通过深入了解客户的招聘需求，猎头顾问能够准确把握客户对候选人的要求，从而更好地找到符合需求的候选人；能够在候选人筛选过程中更加精准地评估候选人的能力和职位的匹配度，确保找到最适合客户需求的人才。

猎头顾问作为招聘专家，能够根据客户的需求分析，提供专业的招聘建议，帮助客户制定合适的招聘策略，提升招聘效果，同时也能增强客户的信任和满意度，为长期合作打下基础。

作为猎头顾问，首先要了解客户需求分析的重要性，如图 5-1 所示。

图 5-1 客户需求分析的重要性

客户需求分析主要包括两个层面：公司层面和岗位层面。

公司层面的信息主要包括以下 7 个方面。

1. 公司文化及价值观。

2. 公司基本情况：公司性质、成立时间、目前发展阶段、人员规模、战略发展规划、公司近 3 年的业绩增长情况、去年销售额、今年目标销售额、未来 3～5 年目标销售额、主要竞争对手。

3. 核心产品及业务定位。

4. 三架构：核心业务架构、部门架构、组织架构。

5. 人才战略：公司对人才的核心素质要求、人才 SWOT 分析、人才的稳定性、导致人才离职的主要原因、创始人及中高管理团队背景、公司在人员招聘方面遇到的主要困难。

6. 吸引人才的优势和劣势。

7. 福利待遇：公司薪酬市场水平、薪酬架构、绩效与奖金、期权与股票、保险与公积金缴纳情况、试用期薪酬政策。

岗位层面的信息主要包括以下 8 个方面。

1. 岗位职责。

2. 任职资格。

3. 岗位关键信息如下。

- 部门架构：职位部门架构、汇报关系及相关的平行部门。

- 汇报上级：上级风格、来源公司及背景、用人偏好、公司喜好、人选风格。

- 岗位注重的经验和能力。

- 岗位的机会和挑战。

4. 战略匹配：公司文化、业务模式、运营模式、产品特点、技术能力等。

5. 岗位硬性要求（如性别、年龄、学历、英文水平、排除的同行公司）及特殊要求。

6. 薪酬待遇。

7. 面试流程及面试官信息。

8. 辅助信息：职位招聘难点、职位空缺原因、职位放出的时间、该岗位前员工背景、已面试人数、已面候选人不合适的原因、流程中的人选情况。

猎头顾问一定要重视客户需求的分析工作，做好人才交付的第一关。

5.2 客户需求分析的 8 个主要渠道

猎头想要详细、准确地了解客户的岗位需求，还是有一定的难度的。这种难度除了体现在猎头行业专业知识的掌握程度以及猎头的专业技能外，还体现在客户需求的获取渠道上。

在实践中，我们经常会遇到这样的情形：企业的 HR 发来一份岗位职责之后就让猎头马上推荐人选，但却未向猎头顾问提供关于公司情况和岗位的详细需求。猎头顾问即使通过 HR 能了解到一些需求情况，也经常会遇到信息不系统、不全面的问题，甚至存在信息不准确的情况。

职业的猎头顾问对客户岗位需求的分析，都有自己系统的思路和方法，并不完全只通过 HR 这个渠道，总结下来，主要有 8 个渠道，如图 5-2 所示。

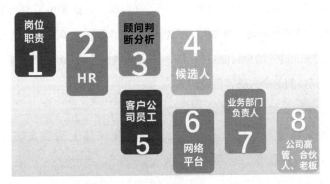

图 5-2 需求分析的 8 个渠道

1. 岗位职责：猎头对客户岗位职责进行分析。主要包括了解职位名称、职责、技能要求、工作地点、工作时间、薪资范围等信息；对每项职责进行深入的分析，包括了解职责的广度和深度、工作的复杂度、技能和经验要求等；确定关键词和技能，即猎头根据分析，确定与该岗位相关的关键词和技能，如项目管理、领导力、沟通技巧、数据分析等。

2. HR：与 HR 招聘负责人进行项目沟通会，是了解客户招聘需求的一种常规且通用的渠道。一般通过 HR 渠道了解到的信息都是比较积极、客观的信息。

3. 顾问判断分析：作为专业且职业的猎头顾问，我们在对行业情况的了解上，通常会比客户更为深入和全面。因此，在接收到客户的招聘需求时，猎头一定要具备独立思考和判断的能力，不能完全依赖 HR 以及其他渠道。

4. 候选人：通过候选人了解客户的需求，也是一个非常有效的渠道，毕竟候选人都是某个领域的专业人士，尤其是对岗位的需求分析，候选人会更加的专业和客观。候选人包括目标公司候选人、同行候选人等业内人士。

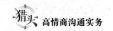

5. 客户公司员工：通过客户公司的在职员工、离职员工、推荐入职候选人、已离职候选人等渠道，我们也可以了解到更多关于客户公司的信息。然而，这些信息只能参考，因为个别候选人的信息可能带有主观性，甚至受到强烈的个人感情色彩的影响。

6. 网络平台：这包括以下几种来源。

社交媒体平台：关注客户公司在社交媒体上的官方账号，如LinkedIn、脉脉等。

招聘网站和职业社区：在公司发布的职位信息中获取公司的需求和招聘计划，同时还可以查看员工对公司的评价。

行业专业网站和论坛：关注与行业相关的专业网站和论坛，如行业协会的网站、行业论坛等，通过浏览和参与讨论可以了解到行业内各个公司的岗位需求情况。

7. 业务部门负责人：通过该岗位的直接上级了解岗位的需求信息，是最直接、最快速、最准确的一个渠道。

8. 公司高管、合伙人、老板：这个渠道了解的信息，更加全面、客观、在业务上更具体、更有高度。

通过以上8种渠道，可系统、全面地了解到客户公司的岗位需求情况，在实践中要根据具体的客户情况，灵活选择具体渠道。

案例解析

案例：2021年，候选人年薪60万元。

客户：国内某完成C轮融资的医疗器械创新企业。

岗位：AI算法工程师。

岗位核心需求：

1. 有相关医疗器械公司背景，最好有CT产品算法经验。

2. 精通 AI 算法及 Python 语言。

3. 博士学历。

在接到这个岗位后，我首先分析了该客户的产品特点，以及用到的核心技术、原理，继而确定了几家与客户产品相关的目标公司，这些公司主要来自医疗器械、自动驾驶、安检、石油勘探等领域。

接下来，结合公司数据库及相关外网进行搜索。最终推荐给客户一个人选——中国科学院高能物理研究所的物理学博士王先生，在石油勘探行业有 3 年工作经验。

客户的反馈是：背景和专业很对口，但是产品不是很对标。

但我并没有放弃，继续和客户沟通该候选人的情况，建议他们再考虑一下，并给出了以下三条理由。

第一，专业和学历背景很好。

第二，候选人对 AI 算法的逻辑理解深刻。

第三，候选人从事的石油勘探的底层算法逻辑和原理，与客户公司岗位匹配度达 60% 左右，候选人稍加熟悉，会很快上手。

最终，客户接受了我的建议，将人选转给技术部门，候选人通过两轮面试，一个月后上班。

5.3　通过 HR 与业务部门负责人获取信息

客户需求分析对专业技能要求比较高，需要猎头顾问具有较强的沟通能力以及掌握一定的话术技巧。专业的话术不仅可以展现猎头的专业性和经验，赢得客户的信任和认可，有助于塑造猎头顾问的专业形象，还可以引导客户更好地表达其需求,以便于猎头顾问为其提供更符合期望的服务。同时,还可以帮助候选人更好地了解客户的需求和公司文化,引导其做出更符合自身职业规划的选择。

一般来说,猎头顾问主要从公司 HR 以及业务部门负责人这两个渠道了解信息,我针对这两种情况设计了一些沟通话术。

猎头顾问想要通过 HR 了解公司情况时,可以采用如下话术。

目的:了解公司文化和价值观

话术 1:"咱们创始人最提倡的公司文化是什么?其原则和底线是什么?"

话术要点解析

了解创始人最提倡的公司文化,就可以知道公司看重员工哪些方面的技能,接着进一步询问创始人的原则和底线,从而深入了解公司的价值观。如果直接问公司文化和价值观都有哪些,HR 的回答很可能会比较宏观和空洞,不利于猎头顾问理解,很难迅速抓住核心。

目的:了解公司业务和产品

话术 2:"咱们公司主要的业务线及产品线有哪些?主打利润产品是什么?在公司收入中的占比大概是多少?"

话术要点解析

了解客户公司的产品和业务线,无须面面俱到,只需要了解公司的核心产品,这才是公司重点的发展方向,对于人才的需求很大程度上也集中在核心产品或者业务方面。同时,人才也会主要关注公司的核心产品,或者说关注跟自己所从事岗位匹配的产品的市场销售情况,以及未来发展前景。

目的：了解吸引人才的优势

话术 3："我们猎头应该从哪几个方面来吸引优秀人才？"

话术要点解析

任何一家公司都有很多优势，猎头顾问在介绍公司优势时，应该着重关注符合候选人切身利益的因素，如福利待遇、岗位发展前景、公司的稳定性等。

目的：了解公司业务架构及组织架构

话术 4："咱们公司的业务架构是如何划分的，按产品线还是职能线条？划分为哪几个级别？"

目的：了解公司薪酬情况

话术 5："咱们公司的薪酬在市场上处于什么水平？薪酬结构、奖金、公积金的政策是怎样的？"

话术要点解析

了解客户公司的业务架构和薪酬情况，一般选择开放性提问，其相对于封闭性提问能够获取更全面、更系统的信息。

通过 HR 渠道了解公司信息的话术，从内容上讲，更多偏向公司人力资源方面的问题，比如，薪酬、组织架构等。在沟通技巧方面，要注意用开放式的提问方式，尽量引导 HR 多透露一些信息，这样有助于猎头顾问更加全面地了解情况。

猎头顾问想要通过业务部门负责人了解公司情况时，可以采用如下话术。

目的：了解公司业务 / 产品的核心竞争力

话术 1："张总，我们正在给您的部门访寻市场经理的岗位，接触了一些不错的候选人，但是有些候选人对咱们公司的核心业务、产品、竞争优势了解得不够充分，麻烦您跟我讲讲，以便于吸引候选人。"

话术要点解析

业务部门负责人对本部门的业务和产品的了解往往比人力资源部门更加透彻、更具体。所以当猎头顾问有机会跟业务部门负责人沟通时，一定不要错过这个机会。猎头顾问可以从候选人的角度来讲，表示是候选人想要了解更多信息，这样业务部门负责人就会更愿意配合与解答。

目的：了解公司文化和价值观

话术 2："张总，您在公司已经工作 10 多年了。除了专业技能外，从您个人的角度来讲，您对公司文化感受最深的是哪点？您最欣赏公司价值观的哪个方面？"

话术要点解析

对于在公司工作十几年的老员工来说，他们对公司文化和价值观的了解绝不止于公司的口号和宣传文字上，而是自己实实在在的感受和体会。因此猎头顾问可以从他们身上得到更精确的答案。

目的：了解公司面临的挑战和机会

话术 3："作为业务部门负责人，您感觉如果中高端人才加入咱们公司，将面临哪些机会和挑战？"

话术要点解析

业务部门负责人对于公司机会和挑战的感受往往更加真实,他们的答案对于中高端人才来说更准确。通过与公司业务部门负责人沟通,一般可以了解到公司业务战略、公司竞争力等更有深度的信息。

无论是与 HR 还是业务部门负责人沟通,猎头顾问的目的都是通过话术了解到更多信息,从而更好地为客户服务。

自我训练

假设你即将与客户公司的 HR 沟通,请结合自身的实际工作准备相关话术,见表 5-1 和表 5-2。

表 5-1 通过 HR 了解公司情况的话术

沟通目的	具体话术
了解公司文化和价值观	
了解公司业务和产品	
了解吸引人才的优势	
了解公司业务架构及组织架构	
了解公司薪酬情况	

表 5-2 通过业务部门负责人了解公司情况的话术

沟通目的	具体话术
了解公司业务 / 产品的核心竞争力	
了解公司文化和价值观	
了解公司面临的挑战和机会	

5.4 通过 HR 与候选人了解岗位需求

作为猎头顾问,首先要了解岗位的具体构成要素,见表 5-3。

表 5-3 岗位构成要素

序号	岗位构成要素
1	工作职责、核心关键点、核心素质要求
2	硬性要求(如性别、年龄、排除的同行公司等)、特殊要求
3	职位部门组织架构
4	薪资架构情况
5	该职位具有的机会和挑战
6	职位空缺原因、职位开放的时间、前员工背景
7	候选人情况
8	职位招聘难点、已面试人数、已面候选人不合适的原因
9	职位直接上级来源公司、工作风格、用人喜好
10	意向目标公司(如业务模式、公司文化、管理方式等)
11	面试流程、面试官相关信息
核心岗位需求(3~5个)	
推荐理由(3~5个)	

从表格中可以看出,岗位的具体构成要素包含的内容比较多,涉及岗位硬性要求、职位状态、直接上级风格、意向目标公司等内容,主要还是通过企业内部的 HR 了解情况;而岗位核心技能、岗位工作职责等内容,除了 HR 之外,通过候选人进行了解也是一个非常有效的渠道。

HR 渠道话术示例

话术 1:"您觉得咱们这个岗位最主要的招聘难点有哪些?大概面试了多少人,他们不符合要求的原因是什么?"

话术2:"这个岗位的直接上级是什么风格?他最欣赏什么样的下属?最不喜欢哪些风格的下属?"

话术3:"这个岗位的硬性要求是什么?为什么会把这几点作为硬性要求?"

话术4:"咱们公司最希望候选人来源于哪些公司?主要做哪些产品?能否列举几个公司的名字?"

话术5:"这个岗位希望候选人解决什么问题?希望他最擅长哪方面的业务?或者弥补咱们公司哪方面的不足?"

话术6:"除了工作职责外,您觉得这个岗位的直接领导更看重候选人哪些软素质?他自己在工作上是什么风格?"

话术要点解析

以上6个话术的作用主要体现在以下几个方面。

1. 聚焦于岗位和候选人。这些话术都围绕着岗位和候选人展开,询问了关于岗位的各种信息,包括招聘难点、直接上级的风格、硬性要求、希望解决的问题和业务领域,同时也涉及了对于候选人的要求和期望。

2. 提出了具体和明确的要求。每个问题都提出了非常具体的要求,如岗位的招聘难点、直接上级的风格、硬性要求等,这样可以让回答者能够提供更加明确和具体的答案。

3. 关注细节和背景。这些话术不仅询问了岗位的基本信息,还关注了具体的细节和背景,如直接上级的风格、候选人的来源和业务领域等,有助于猎头顾问深入了解岗位和公司。

4.具有开放性。这些话术都属于开放性的问题,需要回答者提供比较详细的答案,而不是简单的是或否,这样可以获得更加丰富的信息。

总的来说,这些话术非常专业、具体和深入,表现出对岗位和候选人的高度关注。这些岗位需求信息及情况,都是需要猎头顾问提前了解的,但是有些内容的确比较敏感,所以需要猎头顾问具备较强的沟通技巧,比如,采用顾问式沟通方式、探讨式沟通等。

候选人渠道话术示例

话术1:"张先生,您好!我手头有一家做医疗机器人的客户,委托我们访寻一位嵌入式工程师。从您的简历中了解到,您之前是做航空发动机产品的,现在转做医疗机器人产品了。这两类产品的嵌入式技术底层逻辑是否相同呢?您认为除了医疗机器人产品外,还有哪些产品可以用嵌入式开发技术逻辑呢?"

候选人尤其是技术、研发类人才对产品、技术、语言等的了解,肯定比猎头顾问更加专业和深入。当猎头顾问对客户委托的岗位不了解时,通过请教式的话术,获取候选人的帮忙和协助,是精准理解客户需求的途径之一。

话术2:"张先生,通过跟您的沟通,我已经清楚了您的工作内容,后续如果有适合您的机会,我会第一时间跟您分享。另外,我也想请教一下,您觉得我们刚才沟通的岗位,要求候选人具备的最核心的技能是什么?我们客户的岗位职责中写得比较杂,所以想跟您请教一下。"

话术3:"您刚面试完这个岗位,通过跟客户的沟通交流,您觉得这个岗位到底想找什么样的人才?麻烦您给我一个建议。"

话术4:"张先生,我是猎头小李,我是上次给您介绍华为大客户销售总监岗位的猎头。请问您最近工作怎么样?有件事想麻烦您一下,我这边有一个客户想找全国销售一把手的岗位,但是岗位职责描述得不是很清晰。我发给您,麻烦您从专业角度帮我分析一下,多谢!"

话术5:"您已经离开这家公司了呀?我还在为你们部门其他岗位找候选人呢,顺便问一下,这个部门是怎么划分的?按产品还是技术,部门具体是什么情况?"

话术要点解析

以上话术具备以下特点。

1. **聚焦于特定岗位或行业**。这些话术都围绕特定的岗位或行业展开,如嵌入式工程师、医疗机器人、销售总监等,表现出对特定领域的专业性和关注度。

2. **表现出对候选人的尊重和关心**。这些话术都表达出了对候选人的尊重和关心。例如,询问候选人的工作情况、职业目标等,这会让候选人感到很舒服,更愿意进一步沟通。

3. **具有开放性**。这些话术都属于开放性问题,需要回答者提供比较详细的答案,而不是简单的是或否,这样可以获得更加丰富的信息。

4. **表现出对行业和公司的了解**。这些话术都体现出猎头顾问对相关领域有一定了解,说明沟通之前做了充分的准备工作。一般来说,当面对稍微懂行的猎头顾问时,候选人更愿意进一步沟通。

5. **寻求专业建议和帮助**。好为人师是人性的特点之一,尤其是专业人士。如果提问者能够问到点子上,同时表现出对候选人的认可和对专业意见的重视和信任,那么他们是很乐于提供专业建议的。

自我训练

请结合自身的实际工作准备相关话术。假设即将与客户公司的 HR 沟通，想要了解该公司的岗位需求情况，你将如何准备相应话术，见表 5-4。

表 5-4 话术训练表

序列	具体话术
话术 1	
话术 2	
话术 3	
话术 4	
话术 5	

请结合自身的实际工作准备相关话术。假设即将与候选人沟通，想要了解该公司的岗位需求情况，你将如何准备相应话术，见表 5-5。

表 5-5 话术训练表

序列	具体话术
话术 1	
话术 2	
话术 3	
话术 4	
话术 5	

第 6 章

深入 Mapping 的经典话术

在候选人访寻过程中最核心的访寻技能就是深入 Mapping 的能力，这是我认为最有价值也是难掌握的核心技能。本章将介绍深入 Mapping 过程中的核心方法以及经典话术。

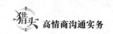

6.1 什么是深入 Mapping？

在猎头行业中大家都知道深入 Mapping 很重要，而且以后会越来越重要，但大部分顾问是想做却又不会做，非常困扰。毫不夸张地说，90% 的顾问都不会做 Mapping，至少并不擅长。这就意味着谁能率先掌握好这项技能，谁就有机会脱颖而出，和同行拉开差距。

一些猎头顾问的推荐成功率之所以高，是因为他们重质不重量，既能认识到客户对人才的需求，也能对人才特征有很精准的判断和评估，所以他们推荐过去的候选人，大多能一击即中。

这其实就是顾问式猎头优于销售式猎头的地方。

对顾问式猎头来说，他们始终以"挖掘到目标公司的目标人选"为主要访寻思路，即使通过外部网络渠道，也是借助外部资源、整合资源，最终还是以挖到深海里的"大鱼"为主要目的。他们的终极目标，始终精准定位在"目标人选"上面，找准靶子，集中攻克。

而销售式猎头往往则是以"搜简历"为主要访寻思路，他们会投入很多的时间和精力在各大平台上找简历，广撒网，侧重了人才的量，却忽视了质。

通常情况下，顾问式猎头更倾向于操作高端岗位，因为他们擅长并深信深入 Mapping 的访寻方式。他们坚信"没有找不到的候选人"这一原则，并愿意投入大量的精力、时间和资源来实现这一目标。

而销售式猎头遇到高端岗位，往往会发怵，因为他们的那种工作方式很难有效操作高端岗位。

那么，深入 Mapping 究竟是什么呢？

Mapping，翻译为人才地图。通俗地讲，**深入 Mapping 就是用地**

毯式搜索的方法访寻候选人。根据客户所在的行业、区域、产品，列出要访寻的目标公司，针对这些特定的目标公司，再进行人才搜索，最终呈现出完整的 Mapping 组织架构图。

做任何事情，掌握流程都是非常重要的。管理学中有这样一句话：文化管心，制度管人，流程管事。按照流程去做，往往才能把事情做好，猎头 Mapping 也是如此。

那么，深入 Mapping 的操作流程是什么呢？它主要分为四个步骤，如图 6-1 所示。

图 6-1 猎头 Mapping 流程

第一步：岗位需求分析及人才画像。精准定位人才画像，也就是搞清楚客户需要猎头找什么样的人。

第二步：确定目标公司及目标人选，也就是确定猎头要找的人在哪里。

第三步：正式 Mapping。这里分享一个很实用、很容易落地的方法，就是将深入"Mapping 分解为 3 个操作点"，这 3 个操作点贯穿于人选沟通的整个过程。

第 1 个操作点。确定候选人所在的公司是否有客户想要的人，也就是确定是否为需要猎头顾问摸排的目标公司。

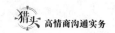

第 2 个操作点。如果是需要猎头顾问摸排的目标公司，接下来确定客户要找的岗位对标这个公司的哪个部门，部门有多少人？人员的角色、工作内容、人员之间是怎么分工的？再进一步落实哪几个人合适，或者说哪几个人是猎头顾问要挖猎的目标人选，包括前任、前前任。

第 3 个操作点。确定具体目标人选的姓名和联系方式。

在实际操作过程中，这 3 个操作点不一定通过同一个人选完成，也未必是一次沟通就能完成的，往往是通过多个候选人或者一个候选人不同时间点的多次沟通完成的。

因此，当猎头顾问遇到某次沟通没有摸排出候选人的情况时，无须担心，可以换一个候选人或者选择合适的时间点再次沟通，逐步完成 Mapping，而不是苛求通过一个电话、一个人选解决全部的问题，这是比较难的。

第四步：结果呈现——绘制 Mapping 组织架构图。

猎头顾问了解组织架构的意义和价值主要体现在以下两个方面。

1. 最大程度上避免遗漏候选人

猎头顾问之所以要了解目标公司的组织架构，要将每个职位上的人员情况摸排清楚，有个很重要且实际的原因，就是能在最大程度上避免遗漏合适的候选人。

举个例子，客户有一个岗位需要人选，目标公司同岗位的候选人实际有四个人。如果对目标公司的人员组织架构不是很清楚的话，那么给客户推荐时就容易出现遗漏候选人的情况，只找到了其中的两个或者三个候选人。反之，如果猎头顾问对目标公司的人员架构信息掌握得非常准确、全面，就可以将四个候选人都推荐给客户。

很明显，后者的成功率自然更高，这就是 Mapping 的价值之一。

猎头顾问对目标公司的组织架构整理工作做得越到位，候选人的信息和意向摸排得越具体，那么工作效率就会越高，成单的概率也越高。

2. 明确候选人岗位职责

很多人感慨，在大企业里工作，每个人就像是这部庞大机器中的一颗螺丝钉。众所周知，越是大公司，其岗位分工和职责越是明确，每个人做什么，负责什么内容，都有具体且细致的规定。同岗位的人，负责的内容往往是不一样的。

这种情况就容易给猎头顾问找人以及推荐人选造成困扰，明明是符合客户职位需求的候选人，推荐过去却不符合。

很多时候，其原因就是候选人的岗位分工不一样。

为此，这就要求猎头顾问对目标公司的组织架构有深入的了解，搞清楚每个候选人的岗位职责和分工，从而给客户推荐真正符合他们实际需求的候选人，极大地提高推荐的成功率。

6.2 猎头为什么必须做深入 Mapping？

大家应该都听过这样一句话：人永远赚不到认知以外的钱。换句话说，就是一个人的认知水平越高，赚到的钱就越多，赚钱的路子也越多，甚至越轻松。反之，就会感觉很难。同样，猎头顾问想要真正学好深入 Mapping 这项技能，也需要解决认知方面的问题。

关于深入 Mapping 的价值，我总结了六个方面。

直接业绩价值

对猎头顾问来讲，用深入 Mapping 的方式做单，达到年业绩 50 万元这个行业内的及格线，应该是没有太大问题的。事实上，大多数百万猎头顾问，都具有 Mapping 的做单思维方式。

候选人端和客户端的价值

这是两方面的价值，由于性质差不多，因此合并在一起讲解。由于猎头顾问对行业、市场、目标公司架构、人才分布及信息有非常全面、系统、深入的了解，这样往往能得到客户、候选人双方的信任和认可，从而增强猎头与两端服务对象的黏性和关系。猎头做的是人的生意，与人的关系顺了，路也就顺畅了，机会也会因此变得更多。

间接业绩价值

深入 Mapping 技能强的顾问，在客户面前更有底气，把控力更强。比如，有更强的客户推动能力、客户议价能力，推荐建议更容易被接受，能获取高端岗位，甚至是独家岗位。

这些间接价值是非常重要的，能提高 offer 转化的概率。

商业价值

Mapping 是可以收费的，这一点很多顾问可能都不知道。Mapping 信息和内容根据客户需求的不同而不同，收费金额从 2 万元到 10 万元不等。

我们曾经给一个消费品客户做过一次 Mapping 商业服务，当时一位猎头顾问给客户找新媒体运营总监的岗位，在找人的过程中锁定了 10 家目标公司，把这 10 家目标公司的新媒体业务模式、运营方式、组织架构、部门架构、人员薪酬等做了一份全面的 Mapping，这份调研报告当时收了客户 6 万元的费用。

猎头顾问本身的价值

除了体现专业性之外，对于猎头顾问自身来说，做 Mapping 也是知识资源积累、沉淀的过程，让猎头顾问成为所谓的"行业专家"，体现出自身价值。

最后我想再次强调的是，深入 Mapping 的操作确实存在难度，专业性也比较强，但一旦掌握了这项技能，就能从根本上让猎头顾问脱离"简历搬运工"的角色，不再通过低层次的方式获取简历、访寻人才，而是做专业的人才甄选，成为真正意义上的猎头顾问。

6.3　深入 Mapping：1 拖 N 之 "46 工作法"

"1 拖 N"指的是在深入 Mapping 过程中要使劲地"挖"。"1"代表人脉或资源，就是与目标候选人有交集的候选人。"N"则是指目标人选，就是符合摸排要求的人选，而不是候选人推荐给猎头的所有人选。

所谓的"1 拖 N"，就是通过工具方法、利用候选人这个猎头的重要资源渠道，最终挖到目标人选，甚至挖掘到"N"个目标人选。

做任何事都要讲究逻辑、掌握方法，只有做到这点，成功的概率才能更高。尤其对于猎头深入 Mapping 的问题，在中国猎头行业过去的 30 年中，猎头从业者迟迟未能找到合适的方法解决这个殿堂级难题。

对此，2014 年**我总结了一套深入 Mapping 的有效方法，并将其命名为"46 工作法"**。实践证明，该理论效果非常好，得到了相当多同行的认可。

"46 工作法"指的是该方法分为 4 个维度，每个维度又分为 6 个方面的内容，如图 6-2 所示。

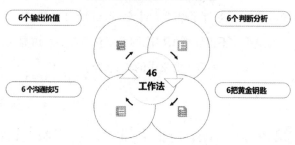

图 6-2　46 工作法模型

1 拖 N 的 6 个输出价值及话术

接下来我们将分别介绍"46 工作法"中的具体内容及其相应的话术。

猎头在跟候选人沟通的过程中，想要获得更多目标公司、岗位及人才信息，有一个很重要的原则——价值共享。所谓价值共享，就是要避免单方面索取，在向候选人索取有价值信息的同时，也要主动向候选人提供价值，否则往往很难获得候选人的推荐和助力。

商业社会就是这样，候选人和猎头顾问非亲非故，凭什么帮你推荐人选。所以，价值输出是非常重要的一个方面。猎头顾问对候选人可以进行以下 6 个方面的价值输出，如图 6-3 所示。

图 6-3　6 个输出价值

1. 客户公司情况

无论候选人是否考虑客户公司的机会，猎头都可以把客户的基本情况，尤其是公司的业务及产品、发展前景、竞争力、优势等信息，与候选人进行分享。

原理：猎头顾问跟候选人分享客户公司的基本情况，可以体现其专业性。

话术："我们这个客户是一家成立仅 3 年的初创企业，发展比较迅速，刚完成 1 亿元 A 轮融资。这些资金将主要用于研发投入，公司计划 3 年内在科技创新板上市，公司发展前景还不错。"

分析：从公司发展历史、资金情况及上市发展前景等方面进行价值输出，对候选人做决策和选择具有重要的价值。

2. 行业内其他公司的信息

对于候选人来说，了解行业内其他公司的信息确实是有价值的，这有助于他们进行行业分析、对比以及为自身定位和发展策略提供参考。

原理：分享同行和竞争对手公司的情况，既能体现猎头对行业的了解，同时也是在向候选人输出行业价值信息。

话术："这两年，你们同行的公司都在进行产品结构升级，×公司也从低端白酒转型到中高端白酒了，跟你们公司的产品定位差不多，你可以留意一下这家公司的业务发展模式。"

分析：从同行产品变革、产品定位、业务升级等方面，向候选人进行价值输出。

3. 职业规划建议

虽然猎头不是专业的职业规划师，但由于接触的人选比较多，接触过的成功和失败的案例比较多，往往还是能够给予候选人一些建议的。

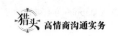

至少在简历的撰写、离职原因等某些细节问题上，处理起来比候选人更有经验，能够给他们提供实实在在的帮助。

当猎头顾问对候选人进行面试评估后，对其工作经验、专业能力、个人素质等有了较为全面的了解，往往会给予候选人一些建议。这也是我比较引以为傲的一点，我希望合作过的候选人，能够在我们猎头顾问专业的建议下，在职业生涯方面不断向上走。

所以，我始终强调，专业的猎头顾问应该在候选人面前扮演职业规划经纪人的角色，猎头顾问要从专业咨询顾问的角度，对候选人的职业发展给予客观的建议和指导。猎头这份工作的职业成就感，往往就源于此。

以简历为例，个人粗略判断，80%以上的候选人的简历存在千篇一律、个人优势不突出、专业及职责针对性不强、无过往雇主介绍、逻辑结构混乱等诸多问题。

而且更为糟糕的是，多数候选人并没有意识到这些问题导致自己错失了很多的面试机会。在这种情况下，猎头顾问的价值就凸显出来了，既可以从整体上给候选人提供简历制作的建议，同时又可以针对具体客户的岗位需求，给予定制化的简历完善方案，从而大大提高候选人的面试机会。

原理：从工作稳定性帮助候选人分析问题，并提供客观的、建设性的咨询建议。

话术："张先生，我从简历上看到，您在百度工作了10年，从业经历蛮稳定的，但离开百度之后，最近这三年好像发展得不是特别顺利，请问您遇到了哪些问题？我接触过的一些候选人也有类似的经历，或许我可以给您提供一些建议。"

分析：企业非常看重候选人的稳定性，甚至某些企业将频繁跳槽视为招聘录用红线，但是很多候选人对此并不清楚，或者说并没有给予足够的重视，导致多次面试失败，甚至连面试机会都没有。

4. 候选人所在公司

虽然候选人在公司工作，但是他们未必了解其他部门的情况，如果猎头顾问刚好掌握此类信息，对于候选人来说同样有参考价值。

原理：跟候选人分享和探讨候选人公司情况。

话术："我有几个候选人朋友也是你们公司的，听说你们最近高管流动率挺高的，是公司出现了什么问题吗？对您是否有影响？"

分析：这是比较典型的探询信息式提问，猎头顾问通过提及"几个候选人朋友"以及"最近高管流动率挺高的"这两个信息点，试图了解公司可能存在的问题以及这些问题对员工，特别是对高管层的影响。

使用"听说"这样的词汇，暗示候选人猎头顾问并不是直接了解情况，而是从第三方得知这些信息的，目的是减轻对方的压力，更愿意分享一些可能存在的问题。

直接询问"是公司出现了什么问题吗？"，这是一个非常直接的问题，可以让回答者不得不面对和回答公司可能存在的问题。

5. 直接竞争对手公司

向候选人提供竞争对手公司的情况，往往可以吸引他们的兴趣。比如腾讯的员工，通常会对其他"大厂"同岗位的情况感兴趣，包括薪资如何，新推出了什么项目，等等。

原理：候选人竞争对手公司的信息分享，往往是候选人普遍关注和感兴趣的。

话术:"你们的竞争对手 A 公司,今年准备进入西北市场,如果您在西安的话,可以关注一下这家公司。"

分析:这段话术的目的是提醒听者注意一个即将在西北市场出现的竞争对手,并给出了行动建议。这可能是一个预警,也可能是一个机会,取决于 A 公司具体的市场策略和公司的应对措施。

"你们的竞争对手 A 公司"这句话直接点明了竞争公司的名称,让听者立刻明白了提到的公司与自身的关系。

"今年准备进入西北市场"这句话给出了关于竞争对手的重要信息,即它们即将进入一个新的市场。这可能意味着竞争加剧,或者对当前市场份额的威胁。

"如果您在西安的话,可以关注一下这家公司"这句话是针对特定的听者,即那些在西安的人。它提出了行动建议,即应该关注这家公司。这是对行动的要求和引导。

6. 岗位机会

猎头顾问可以根据手头的资源,向候选人介绍、引荐市场上的岗位机会。对于候选人正在关注的工作机会,猎头顾问也可以帮忙分析。

原理1:猎头要全方位帮候选人提供岗位机会,不局限于自己合作的客户。

话术1:"我手头有两个机会(客户 A 公司和 B 公司)。另外,我了解到跟你们做同类产品的 C 公司和 D 公司最近也在招人,您可以关注一下。"

分析:给候选人提供市场上的岗位机会——客户 A 公司和 B 公司,对候选人进行提醒和建议,让候选人关注并有兴趣进一步了解这两家公司。

"另外,我了解到跟你们做同类产品的 C 公司和 D 公司最近也在招人"这句话引入了与听者公司存在竞争关系的两个公司(C 公司和 D 公司),

并强调了它们最近正在招聘员工。这可能是一个暗示，表示这些公司在扩张或者增加业务，也可能是在提醒候选人关注这些公司的动态。

原理 2：帮候选人分析纯粹是帮忙，目的是感动候选人。

话术 2："如果您有正在关注的工作机会，我也可以根据过往经验帮您分析。"

分析：这段话术的目的是表明说话者愿意为听者提供咨询服务，帮助他们更好地理解和评估某个机会或项目。这种话术通常用于建立专业信任和关系，并强调说话者的专业知识和经验。

"如果您有正在关注的工作机会"这句话是在询问听者是否正在关注某个机会或项目。

"我也可以根据过往经验帮您分析"这句话表示说话者愿意利用自己的经验来帮助听者分析这个机会或项目，这是一种提供专业咨询服务的承诺。

术业有专攻，不管候选人级别多高、薪酬多高，在职业规划方面，猎头顾问肯定要比大多数候选人更专业。这一点猎头顾问不用太高估候选人，他们在某个领域可能是专家，但通常都只专注自己的"一亩三分地"，对外部市场和行业信息了解得比较少，甚至对自己所在公司的情况也了解得不多。

以上 6 个方面的价值输出，不仅能够让猎头顾问获得候选人在专业上的认可，认识到猎头的职业价值，更重要的是彼此之间建立了感情，进而有可能让对方对猎头心存感激。有了这样的基础，猎头顾问后续再让候选人帮忙推荐人选的时候，自然就水到渠成了。

案例解析

一、客户和岗位

为某个大型快消品集团找一个母婴营养研究方向的博士。

二、Mapping 的流程

第一步：进行岗位需求分析及人才画像。根据母婴营养这一线索，分析客户想要的人选。研究领域专注于孕产妇、婴儿人群的母婴营养研究，特别关注母乳成分研究和母乳功能营养研究的博士。

第二步：基于第一步的人才画像，列了几家在营养保健品和奶粉行业中有较高知名度和研发实力的公司，如 J 公司等。初步锁定研发科学家、营养科学家、科学支持专家等可能涉及母婴营养研究的岗位名称。

第三步：由于市场上这类岗位的人才有限，我找了一位科学经理 C 女士，学历是硕士，目前正在积极寻找新的工作机会，在与 C 女士的对话中得知她已离开 J 公司，在了解她的职业诉求并且分享了行业信息后，取得了她的初步信任然后我用一句话精准介绍了客户的岗位需求，继而得知 J 公司的健康科学部里有符合岗位要求的博士，最后 C 女士向我推荐了 J 公司同部门的同事 L 女士。

三、"46"工作法场景还原（对话场景）

场景 1：和 C 女士的首次对话

猎头顾问："C 女士您好，我是专注快消行业研发岗的猎头顾问 Cynthia，有个岗位想和您交流下，请问您现在还在 J 公司担任科学交流经理吗？"

C 女士："您好，我确实在寻找机会，不过我已经离开 J 公司一年了，目前在化妆品公司做这方面的工作。"

猎头顾问："好的，我打电话给您主要是为一家大型快消品集团找一位母婴营养研究方向的人才。我看到您之前从事过营养相关的工作，您做的是母婴方向的研究吗？"

C女士："是的，不过我的工作主要是为产品营养成分的有效性和安全性做评估，同时负责外部的科学联络，参加学术会议等。"

猎头顾问："其实这个方向还是不错的，现在很多大型企业招研发人员不仅看重他们的科研能力，更希望他们具备一定的市场洞察力，以便从外部引入一些前沿的技术。"

C女士："是的，我也是这样考虑的。现在在化妆品公司发现缺少了这方面历练的机会，所以想看看有没有更好的机会。"

猎头顾问："好的，明白您的意思，那请问您目前对行业和地区有什么要求吗？"

C女士："食品和化妆品都是可以的，只看广东的机会。"

猎头顾问："好的，我去梳理下符合您要求的公司和岗位，有合适的机会第一时间联系您。对了，请问您之前在J公司应该有做母婴营养研究方向的同事吧？有没有博士呢？我们客户这边还有个博士岗，希望有3年以上的工作经验。"

C女士："J公司健康科学部有几位博士是做科研的，有一位和我关系挺好的。我听说她打算看看外部机会，你加我微信吧，我把她推给你。"

场景2：和L女士的首次对话（跳过自我介绍部分）

猎头顾问："L女士您好，我们这个客户的情况是这样的：目前在市场上位居全球前五、亚洲第一，内部设有A、B、C、D、E五大产品事业部、一个早期研发中心以及其他职能事业部。我们这个岗位属于早期研发中心，事业部内部会按照成人营养、母婴营养、益生菌研究等方向进行划分，该岗位属于母婴营养组里的科学家岗，目前不带下属，直接向营养总监汇报，主要工作内容是做母乳成分研究以及营养功能研究，跟外部机构有密切的合作，并且负责做产品宣讲。之后这个岗位可以晋升为专家和资深专家岗，如果有带团队的想法，领导也会全力支持。想问一下您目前这边的情况以及职责。"

L女士："我在J公司健康科学部已经三年多了，主要做母乳低聚糖以及相关的产品开发，同时还研究关键乳源性活性成分的机制。我最多带过3位下属，不过目前就剩1位了，直接向部门总监汇报。"

猎头顾问："您觉得岗位以及工作内容和您目前以及未来的期望是否匹配，另外对于工作地点您有什么想法吗？"

L女士："我觉得匹配度还是挺高的，而且我对这个平台还是比较满意的，地点的话倒还好，我主要是看机会本身以及之后的发展。"

场景3：最后因为客户岗位级别和职责发生了变化，L女士被淘汰，通知她被淘汰的消息

猎头顾问："L女士您好，客户的岗位稍微有些变化，目前这个岗位轻研发，侧重创新，需要从外部引入一些前沿的科学技术，不局限于母婴营养研究了，而且在级别上提高了一级，变成总监岗位了。所以很遗憾地告诉您，您可能不太适合目前这个岗位，而且确实偏离了您擅长的方向。不过业务领导非常重视您，表示会把您作为储备人才，之后母婴营养研究岗再次开放的时候，会第一时间通知您。"

L女士："好的，没关系。谢谢通知，也感谢你这段时间的悉心指导和安排！"

猎头顾问："我会持续跟进的，有消息及时和您分享。对了，我记得您的直接领导是位总监，他也是做营养研究方向的，您觉得他适合吗？"

L女士："他倒是挺适合的，确实在这个领域很资深，而且在圈子里也有一定的影响力，人脉很广，经常能接触到一些前沿的技术。"

顾问："我记得他姓×，您能把他的联系方式给我吗？我就说是在人才库里找到他的信息的，不会透露是您提供的，您放心。"

L女士："好的，记得千万不要提到我。"

在持续保持顺畅沟通的情况下，之后猎头顾问从L女士这边陆续得到了其他人选的联系方式。

四、N=5

◆ L女士：母婴营养研究科学家

◆ X先生：营养研究总监

◆ A先生：招聘总监

◆ C女士：招聘经理

◆ B女士：科学交流负责人

自我训练

根据个人实际工作情况，以"6个输出价值"为基础，总结一套适合自己的话术，见表6-1。

表6-1 话术训练表

6个输出价值	具体话术
客户公司情况	
行业内其他公司的信息	
职业规划建议	
候选人所在公司	

续表

6个输出价值	具体话术
直接竞争对手公司	
岗位机会	

1 拖 N 的 6 个判断分析及话术

猎头与候选人的沟通总是不够深入，挖不到有价值的信息，甚至遭到对方的明确拒绝，信息不回、挂断电话，相信，很多顾问都有这样的经历。

出现这种情况，我认为最主要的原因，很可能还是顾问的前期准备不足以及缺少沟通过程中的一些判断分析。

通常情况下，这种判断和分析主要有六个方面，如图6-4所示。

图 6-4　6 个判断分析

1. 候选人目标圈子

猎头顾问在与候选人沟通的过程中，需要准确判断该候选人的目标圈子，也就是说确定 N 隐藏在哪里。比如在科研领域，候选人的目标圈子往往是校友、同学、导师。

原理：挖掘候选人身边的目标人选圈子。

话术："张博士，跟您同级毕业的，研究算法方向的同学一共有几个人？他们都去了哪些公司呀？您给我几个名字，上一届的师兄和导师也行，我先跟他们建立一个联系，以后有合适的机会，我会同时分享给他们。"

分析：研究某个专业的博士一般只有几个人，而且他们彼此都在一起搞科研和课题，都比较熟悉，候选人一般都会记得。这个圈子比较窄，但是目标比较集中。

2. 候选人职业诉求

候选人是否考虑换工作，考虑什么样的公司、什么岗位、具体做哪方面的事情、薪资要求、通勤距离等，通过对这些职业诉求的关注和了解，并在一定程度上给予支持、帮助，猎头顾问可以拉近与候选人的距离，建立可靠的信任关系。

原理：让候选人信任、认可，增强黏性，建立牢固、长久的关系。

话术："张先生，您现在工作情况怎么样？如果考虑外部机会的话，什么样的公司和岗位，您更感兴趣？"

分析：候选人跟猎头打交道，最主要的诉求是希望猎头顾问能帮助他们分析以及提供更合适的工作机会，所以对这些问题候选人通常都会比较配合，愿意沟通。

3. 候选人突出优势

猎头顾问根据候选人的优势和亮点进行专业的交流探讨，往往能够让候选人更加认可、信任猎头顾问。

原理：表达对候选人的了解和认可。

话术："李先生，从简历以及与您的交流中，我感觉您在打造新品牌方

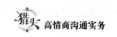

面优势非常突出,这也正是很多公司非常看重的一点。"

分析:客观、理性地对候选人进行评估和判断,能够让候选人感受到猎头顾问的专业度。

4. 候选人兴趣点

兴趣爱好可以作为与候选人沟通的切入点,为长期沟通打好基础。当猎头顾问从简历中看到候选人与自己有相同的兴趣爱好时,即可以此作为话题切入点。

原理:利用兴趣爱好拉近彼此之间的距离。

话术:"我看您在简历中写道比较喜欢阅读传统文化类书籍,您比较推崇哪个思想流派?我比较崇尚道家无为而治的思想。"

分析:如果猎头顾问从简历了解到候选人与自己有相同的兴趣爱好,这无疑是一个很好的切入点。如果没有相同的兴趣爱好,猎头顾问也可以事先了解一下候选人的兴趣爱好,并将其作为开场白的谈资。如果一点都不懂,切忌卖弄刚学到的皮毛知识。

猎头顾问在与候选人沟通之前一定要做好功课,根据"6个判断分析"找到合适的沟通主题,在实践过程中找到适合自己的话术,一定要了解话术的底层逻辑,这样更容易跟候选人建立共同语言和信任关系。

5. 简历分析

如果猎头顾问有候选人的简历,可以提前分析候选人目前所在的公司、之前的公司是不是目标公司,以及其上级、下级、平行部门、现任、前任、前前任的具体情况,自行初步判断这家公司哪个部门的人可能有我们的目标人选,然后在跟目标人选沟通的过程中进行再次确认。

这里分享一个案例。某候选人毕业于中国医科大学药学院,本科学历，2020—2021 年在某集团担任市场副总职务，2021—2022 年在某酒业集团从事首席品牌官职务。

从这份简历中，我们可以判断出该候选人的职业发展具有以下几个特点。

第一，候选人的学校和专业跟所从事的行业和岗位差距很大。候选人学的是中国医科大学药学专业，从事的却是酒业销售市场类岗位；第二，候选人近两年跳槽比较频繁。

基于这样的分析，我们在跟候选人沟通时，可以先从职业发展维度进行沟通。

原理：让候选人产生情感共鸣。

话术："您是中国医科大学药学院毕业的，但毕业后为什么没选择医药系统，而是进入了酒业做市场类岗位，跨度还是比较大的？"

分析：以此话术切入，给候选人的感觉就是，你比较关注其职业发展，而不是单纯地推荐岗位。这样既能让候选人产生共鸣，又能得到候选人的认可。

原理：关心候选人，并提供专业建议。

话术："我看您近两年的发展并不是很顺利，在最近两家公司工作的时间都不长，请问是遇到什么问题了吗？您对于下一步发展有什么想法和打算？我们可以一起探讨一下，我也会从专业角度给您提供一些建议。"

分析：继续从关注候选人的角度作进一步沟通，深挖客户遇到的问题，并表示可以提供专业建议。候选人大概率会透露更多信息，再用探询式沟通达到"一拖 N"的目的。比如"我感觉您的上级领导比较适合这个岗位，如果我挖他的话，你觉得他会考虑吗？"

6. 候选人性格

每个人的性格不同，有人热情如火，有人冷漠如冰，也有人是慢热型的……通常情况下，跟候选人沟通的前几分钟就能基本判断出候选人的性格，如果这个人的表达欲强，爱唠嗑，很温和，那么猎头顾问一定要抓住机会，这样的候选人大概率能拖出 N 来，即 Mapping 出候选人身边符合客户要求的目标人选。

举个例子，如果遇到一个做研发的候选人，性格开朗，猎头顾问可以采用如下话术，具体分析如下。

原理：表达对候选人的认可。

话术："我接触的大部分做研发的候选人，都不太擅长言谈，而您的沟通能力相对较强，这是一个很大的优势。"

分析：从心理学角度来看，每个人都需要认同感，这是人性。需要注意的是，盲目的认同对一些高水平的候选人来说，是基本无效的。猎头顾问一定要客观分析，以事实为依据，从而赢得候选人好感，继而进行深入沟通。

自我训练

根据个人实际工作情况，以"6 个判断分析"为基础，总结一套适合自己的话术，见表 6-2。

表 6-2　话术训练表

6 个判断分析	具体话术
候选人目标圈子	
候选人职业诉求	
候选人突出优势	

续表

6个判断分析	具体话术
候选人兴趣点	
简历分析	
候选人性格	

1 拖 N 的 6 个沟通技巧及话术

前面已经多次提到了沟通技巧的重要性和意义，所以就不再赘述，直接介绍"46工作法"中的6个"沟通技巧"，如图6-5所示。

图 6-5　6个沟通技巧

1. 打消顾虑

大部分候选人并不了解猎头的行业规则，会认为推荐身边的人，尤其是同事，可能会泄漏个人隐私。所以，猎头在让候选人推荐人选的时候，一定要先入为主，从专业角度打消候选人在这方面的顾虑。同时，最好辅以真实案例，才能更容易说服候选人。具体可以采用以下两类话术。

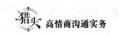

原理：让候选人推荐人选时，要强调保密协议和行业的规则，以此消除候选人的顾虑和担忧。

话术1："张先生，我觉得你们公司销售部门的一把手，挺适合我正在访寻的某客户公司的某岗位，您把他的联系方式和名字给我一下吧，我来跟他沟通。请放心，我肯定不会说是您推荐的，这是我们的行业规则。"

分析："我觉得你们公司销售部门的一把手，挺适合我正在访寻的某客户公司的某岗位"，这是在表达对张先生所在公司销售部门一把手的认可，暗示该岗位与该销售人员的匹配度较高。

"您把他的联系方式和名字给我一下吧，我来跟他沟通"，这是在请求张先生提供该销售人员的联系方式和名字，以便自己能够直接与他进行沟通。

"请放心，我肯定不会说是您推荐的"，这是在保证不会透露张先生的信息，以消除他的顾虑和担忧。

"这是我们的行业规则"，这句话是强调了自己不会透露任何信息。

原理：猎头已经推荐给客户的、进入招聘流程中的人选，是深入Mapping的一个有效途径。

话术2："张先生，我给您推荐到B公司去了，HR已经推荐给部门负责人了，有反馈我第一时间通知您。另外，我想麻烦您一下，我想找一个系统控制方面的专家，您觉得咱们公司哪个人选合适，我联系一下。放心吧，肯定不会说是您推荐的。"

分析：这段话术主要包含了两部分内容：一是推荐张先生去B公司，二是请求张先生推荐一个适合系统控制岗位的人选。此外，最后一句话还明确保证不会透露推荐人的信息以此进一步消除张先生的顾虑。

还有一些候选人虽然口头上同意推荐，但会说"我先问问吧，看人家是否考虑换工作。"这种情况下，多数就没下文了。这个时候，猎头顾问可以采用如下话术把人选"逼"出来。

原理：在候选人表示犹豫或需进一步考虑时，猎头顾问不应放弃，而应持续跟进，通过进一步的沟通来打消候选人的顾虑。

话术："张先生，您直接问的话可能会比较敏感，也会让对方意识到您正在找工作机会，而且也浪费您的时间。我直接沟通会更好。请放心，我肯定不会说是您推荐的，我们有行业规则。他的手机号是多少，我自己联系。"

分析：这段话术向候选人强调了信息的保密性，并且从节省时间、提升效率的角度来暗示候选人。此外，该话术也体现出猎头顾问对张先生的尊重和关心，通过提醒和建议避免他陷入麻烦，以及帮助他节省时间，有助于建立信任。

当候选人表示"先问问"时，猎头一定不能放弃，在继续逼问的同时，进一步打消候选人的顾虑。候选人一般都会担心个人隐私问题，肯定不希望让同事知道自己有跳槽的打算，猎头顾问在沟通的时候一定要强调这一点。

2. 抛砖引玉

猎头顾问如果一上来就不断提出问题，很可能会让候选人心生顾虑，甚至是反感，认为你是在套信息。因此，采用抛砖引玉的沟通方式，先把自己的信息抛出去，让候选人觉得有价值，然后再套信息。注意，猎头顾问要抛一块砖，引一块玉、两块玉，千万不要一次性把自己的信息都抛出去，这样就会很被动了。

原理：先抛出候选人关注的问题，然后从候选人那里获取我们需要的关于目标公司的信息。

话术："我们客户公司的销售体系是按照产品和区域架构设置的，一级架构是产品线事业部，在产品线下面设置东、南、西、北四个大区。咱们公司的销售体系的具体架构是怎么设置的？"

分析：这段话术的目的是询问候选人所在公司销售体系架构，以便了解其与客户公司销售体系的异同。该话术详细介绍了客户公司的销售体系架构，并使用"咱们公司"来指代候选人所在公司，以增强对话的亲切感并且提升互动效果。

3. 请教式沟通

针对"大咖级"候选人，先表示对他的认同和欣赏，然后直接以请教的口吻进行沟通。这类候选人比较讲原则、理性、干脆利落。所以，采用请教式沟通往往能取得更好的效果。

原理：遇到资深专家、"大咖"，虚心请教，别拐弯抹角。

话术："张先生，您是行业内的资深人士，我想跟您请教下，您觉得我要找的这个岗位，应该找什么样的人选？您觉得您之前带领过的下属中有哪些人比较适合这个岗位？麻烦您帮我推荐一下。"

分析：这段话术的目的是请求张先生推荐适合特定岗位的人选，并表达了对张先生的尊重和认可。通过询问张先生的专业意见和请求他的帮助，能够增强与张先生的互动和亲近感，有助于建立信任和合作关系。

4. 开放式沟通

开放性的提问，可以获得更加全面、系统的信息。例如，如果我们想了解候选人所在公司的产品和客户的匹配度，可以用下面的话术。

原理：绝大多数场景下，猎头跟候选人的沟通都是采取开放性的提问方式。

话术："咱们公司的业务主要分布在哪些区域？哪些区域做得不错？您负责的这个区域做得怎么样？"

分析：利用业务布局、区域发展等开放性问题，了解公司的产品架构和业务架构。

5. 迂回式沟通

猎头顾问第一次让候选人推荐人选的时候，由于双方没有建立足够的信任感，候选人并不愿意透露信息。这时猎头顾问不要放弃，继续找其他话题，然后绕回来，趁着候选人没有防备，或不那么敏感的时候，再进行沟通，继续"拖"。

原理：候选人拒绝推荐人选时，猎头顾问可以转移至其他话题，继续沟通。

话术："张先生，您暂时想不起来可推荐的人选也没关系，我们继续探讨客户公司的情况……"

分析：在候选人暂时无法提供推荐人选的情况下，通过表达对候选人的理解和支持，并提议继续探讨其他信息，有助于保持对话的连续性和促进合作。

6. 探询式沟通

这里指用探讨和咨询的方式与候选人沟通，而不是直接跟候选人"要"人。主要是跟人选探讨他的圈子中哪些人更适合，圈子包括候选人目前所在公司、竞争对手、同学、校友、同行目标公司。

原理：猎头顾问在跟候选人进行探讨和咨询时，应体现专业性和平等性。

话术："张先生，经过对这个岗位的了解，您觉得咱们公司哪个部门的人更适合这个岗位？您有推荐人选吗？我去跟他沟通交流一下，如果没有合适的，我就到别的公司去找找。"

分析：这段话术的目的是询问候选人关于哪个部门的人更适合特定岗位的意见，并表达了寻找合适人选的决心和灵活性。

以上话术都是我个人经过多年实践总结出来的，实际效果非常好。猎头顾问在实际工作中，可以结合自身工作情况对其进行总结完善，从而提升自己的工作效率。

自我训练

根据个人实际工作情况，以"6个沟通技巧"为基础，总结一套适合自己的话术，见表 6-3。

表 6-3 话术训练表

6个沟通技巧	具体话术
打消顾虑	
抛砖引玉	
请教式沟通	
开放式沟通	
迂回式沟通	
探询式沟通	

1 拖 N 的 6 把黄金钥匙及话术

再难打开的锁，只要有与之匹配的钥匙，就能被打开。而在生活和工作的很多问题上，这把钥匙其实就藏在我们做人做事的方式方法以及思维认知中。所以，最后来聊聊"46工作法"中的6把黄金钥匙，如图6-6所示。

图 6-6　6 把黄金钥匙

1. 不抛弃、不放弃

对于第一次没有给推荐人的候选人，猎头顾问不要就此放弃，可根据实际情况再进行第二次联系、第三次联系……

原理：一个候选人不止联系一次，要多次联系进行 Mapping，拖出 "N"。

话术："小李呀，我不得不又来麻烦你了。上次我跟你说的那个 A 公司大数据模型算法岗位的人选，太难找了。你把咱们公司的 4 个人选推荐给我一下吧，哪怕他们不考虑换工作，我也跟他们建立个联系。放心吧，肯定不会经常打扰人家的。感谢，感谢！"

分析：这段话术的目的是请求小李推荐适合 A 公司大数据模型算法岗位的人选，并表达了即使对方不考虑换工作，也希望能与他们建立联系的意愿。通过表达问题的难度和对小李的感谢，能够增强与小李的互动和亲近感，有助于建立信任和合作关系。

"小李呀，我不得不又来麻烦你了"，这句话表达了请求小李帮忙的意愿，并暗示这个问题比较重要或紧急。

"上次我跟你说的那个A公司大数据模型算法岗位的人选，太难找了"，这句话强调了问题的难度，同时可以激发对方的同理心，强者是愿意帮助弱者的。

2. 单刀直入式

对于关键信息提供者，猎头顾问可以直接去"拖N"。如果已经和候选人建立了联系，并且有了一定的信任基础，就不适合再进行拐弯抹角式的沟通了，采用单刀直入式的沟通效果更好，也会让候选人感觉到猎头顾问的真诚。

原理：对于关系比较好的候选人朋友，可以直接提出人才推荐请求，这种方法既简单又高效。

话术："张先生，我得麻烦您一件事情，嵌入式开发管理经理岗位的人选我找了好久，一直没有合适的。客户的核心需求就是找一位手术机器人嵌入式开发管理方面的人才，您能否给我推荐两个同事？"

分析：这段话术的目的是请求张先生推荐适合嵌入式开发管理经理岗位的人才，特别是具备手术机器人嵌入式开发管理经验的同事。通过表达问题的难度，以及对张先生的信任和依赖，能够增强与张先生的互动和亲近感，有助于建立信任和合作关系。

3. 不留死角

充分利用候选人身边的圈子，把候选人身边所有的"N"都挖掘出来。让这个"1"，在最大程度上帮助我们拖出"N"，而不是仅仅介绍一两个人选。

原理：拖"N"，越多越好，猎头顾问要有永不满足的精神。

话术："张先生，感谢您给我分享了 3 个人选，接下来我会跟这 3 个人选分别沟通。另外，您的上两家公司应该也有这方面的候选人吧，您再推荐几个资深的嵌入式研发人员给我吧。放心吧，我会保密的。"

分析：这段话术的目的是尽可能让候选人推荐更多的人才。

4."卖惨"

我相信大多数人在遇到别人求助时，只要沟通的方式合理，往往会提供一定的帮助。所以，在与候选人沟通时，不妨适当地"卖惨"，这也不失为一种有效的方式。

原理：学会示弱，可以更容易地博得别人的帮助和同情。

话术："张先生，我不得不又来麻烦您了。那个财务总监岗位的人选我已经找了一个多月了，目前还是没有找到合适的人。现在天天加班到晚上 10 点多，急死我了……我觉得您之前那家公司的财务总监挺合适的，麻烦推荐给我吧，我尝试沟通一下。"

分析：这段话术的目的是请求张先生再次推荐合适的财务总监人选，以解决当前找人的困难和压力。通过表达对当前找人不顺利的烦恼和对合适人才的迫切需求，以及强调张先生的帮助和推荐的重要性，能够增强与张先生的互动和亲近感，有助于建立信任和合作关系。同时，适当"卖惨"能够博得同情，从而获得帮助。

不仅仅是在这个环节，在猎头工作中，我们有很多时候需要与客户、候选人进行沟通，恰到好处地"卖惨"、示弱，通常都会有不错的效果。切记，一定不要过于夸张，这样容易引起候选人的反感。

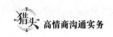

5. 大胆拖

只要跟候选人打电话就拖，不要先入为主，认为这个候选人不善言谈、比较冷淡，不会介绍人选。如果猎头顾问这样想，那肯定做不好Mapping。要知道，机会往往都是自己争取来的，不做就是零，就不会有结果，做了就至少有50%的成功率。

6. 死缠硬磨

有些候选人属于职场上的老油条，处世圆滑，沟通时总是笑嘻嘻的，但就是不帮忙推荐。对于这样的候选人，如果确定他的圈子和资源中存在目标人选，那就不要轻言放弃，还是要采取死缠硬磨的方式。俗话说，好事多磨。有的时候做业务就是这样，你要把对方给磨得没脾气了，为了摆脱你的所谓的纠缠，赶紧给你介绍几个人，把你打发走算了。实践中这种场景也是经常出现的。

关于大胆拖和死缠硬磨的具体话术这里不再赘述。猎头顾问可以通过练习，逐渐掌握相应的话术技巧。

自我训练

根据个人实际工作情况，以"6把黄金钥匙"为基础，总结一套适合自己的话术，见表6-4。

表6-4 话术训练表

6把黄金钥匙	具体话术
不抛弃、不放弃	
单刀直入式	
不留死角	

续表

6把黄金钥匙	具体话术
"卖惨"	
大胆拖	
死缠硬磨	

第 7 章

候选人面试评估实战话术

候选人面试评估是猎头服务八个一级流程中的第五步,是猎头顾问的核心能力之一,是其专业能力和服务水平在客户以及候选人面前的重要呈现。其中涉及的实战话术很有参考价值,值得每一位猎头顾问认真学习。

7.1 猎头面试候选人与企业面试候选人的 4 点不同

部分猎头顾问的认知中存在一个误区：认为猎头是提前替企业对候选人进行面试。实践中完全不是这样的，如果猎头顾问按照企业面试候选人的方式进行面试，不但起不到评估候选人的作用，反而背离了猎头这份职业的本质和工作方法。

具体来说，猎头对候选人的面试评估，跟企业内部面试是不同的，主要体现在以下 4 点，如图 7-1 所示。

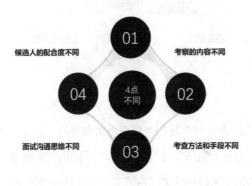

图 7-1　4 个不同点

1. 考察的内容不同。猎头对候选人的考察内容肯定不会像企业那么全面，猎头顾问考察的内容相对来说比较宽松。

2. 考查方法和手段不同。猎头顾问一般不会采用专业的方法对候选人进行面试，如压力面试法或者其他专业测评。

3. 面试沟通思维不同。猎头顾问在面试的时候更注重沟通的平等性和沟通技巧，不像企业 HR 那样严格。

4. 候选人的配合度不同。通常候选人在企业面试官面前，都表现得很配合，而在猎头面前有些候选人可能会表现出不耐烦，甚至是抵触的情绪。

所以，基于以上几点不同，我从猎头顾问的角度讲一下如何进行候选人的面试评估，这主要包括以下 4 个方面，如图 7-2 所示。

图 7-2 候选人面试评估的 4 个方面

对候选人的文化价值观的考察是非常宏观的，存在很多主观因素，即便是企业，都很难在短短 1 小时左右的时间内判断清楚。通常企业会用专业的素质模型来进行测评，对猎头来说这种考察就更难了。

在实践中，猎头顾问在面试候选人的过程中，通过候选人的语言和行为，能非常明显地感觉到这个人选的风格。如果人选的风格跟企业存在明显的差异，很有可能说明两者的文化价值观不太匹配。

这样的人选，推荐的时候要慎重，因为即便推荐过去，客户通常会一见面就感觉眼缘不对，不想继续面试了，这种案例很常见。杰夫·斯玛特（Jeff Smart）的 A 级招聘法就把文化价值观的考察排在了第一位，所以猎头顾问一定不能忽视这个维度的考察。

综合素质包括沟通能力、适应能力、问题解决能力、管理能力、团队合作能力、人际关系能力等。猎头顾问，通常可以在面试沟通过程中，通过一些基础的、直接的方式进行简单了解。

关于岗位胜任力与职业状态的内容，会在本章第四节进行详细讲解，岗位胜任力对应的是"5对标"，职业状态对应的是"10沟通"。

7.2 与候选人初次沟通时，猎头的开场白话术

在本节开始之前，请作为猎头顾问的你回忆一下，你在跟候选人沟通之前通常会有什么样的心理活动？

_____
_____
_____

这里我用8个字总结了顾问做开场白之前的心理活动。

1. 期待、兴奋：猎头顾问希望候选人是一个与职位要求匹配的优秀人选，这样就可以为客户提供满意的人选，所以在打电话之前，尤其是面对从履历上看比较匹配的候选人，猎头可能会感到期待和兴奋。

2. 紧张、焦虑：第一次电话是与候选人建立联系至关重要的一步，候选人的反应将决定接下来的合作是否顺利。因此，不少猎头顾问可能会感到紧张和焦虑，担心与候选人沟通时出现挂断电话、拒绝沟通、冷漠应答等情况。

这是大多数猎头顾问在与候选人沟通之前的几种心理状态，一名优

秀的猎头顾问则应该始终保持稳定的心理状态，以自信、专业且有条理的状态对待与候选人的第一次沟通。这样的状态会让候选人觉得猎头顾问很专业，沟通条理性强。

那么，猎头顾问如何在开场白中做到自信、专业、有条理呢？

可以从以下 2 个方面入手，如图 7-3 所示。

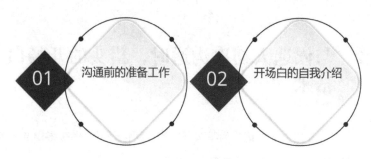

图 7-3　猎头顾问如何做好开场白

沟通前的准备工作主要有以下 6 个方面。

1. 准备好自我介绍和公司简介。猎头顾问应该准备一份简洁明了的自我介绍，介绍自己的专业背景和工作经验。同时，猎头顾问还要介绍公司的背景和业务，其目的是让候选人了解基础信息，促进双方建立良好的信任关系。

介绍性质的开场白要求言简意赅，快速吸引候选人，主要有以下几个关键点，如图 7-4 所示。

2. 了解候选人的背景和经历。在给候选人打电话之前，猎头应该事先了解候选人的大概背景和经历，比如，教育背景、就职过的公司、企业性质、行业、从事的岗位，等等。

图 7-4 介绍性质的开场白关键点

3. 明确目的。猎头顾问要明确自己给候选人打电话的目的是什么？是给他推荐工作机会，还是交流行业信息；是进行客户开发，还是想深入 Mapping？只有搞清楚目的，才能确定沟通的切入点、侧重点和方式。

4. 提前查阅候选人的社交媒体资料。猎头顾问可以提前查阅候选人的社交媒体资料，了解其职业活动和兴趣爱好。这可以帮助猎头顾问更好地了解候选人的个性和背景。

5. 个性化职业发展特点。这包括专业与职业、行业的匹配度，发展的稳定性等。猎头顾问应该带着目标去沟通，可以准备一个简单的问题清单，这样更有助于把控沟通过程。

6. 专注和耐心。有的时候候选人态度不好，猎头顾问就会着急上火，比候选人还急躁，那么这通电话大概率会搞砸。猎头顾问一定要专注地听，认真地想，保持耐心。

以上准备工作可以增强猎头的自信心，从而在电话中更加从容自若地与候选人交流。做好准备工作之后，接下来就要正式给候选人打电话了，介绍一些开场白的经典话术。

话术1:"您好,请问是王先生吗?我是××公司的猎头顾问×××,专注自动驾驶领域研发技术类岗位。这里有一些中高端的岗位机会想跟您分享一下,比如,A公司、B公司、C公司算法、射频、硬件等方向。"

话术2:"您好,我是××公司的猎头顾问,给您打电话是因为我们公司目前有几个岗位,跟您的背景和经验比较匹配。希望与您分享和交流一下。"

话术3:"您好,我是××公司的猎头顾问,专注芯片领域的研发类职能岗位,想进一步了解一下您的职业目标以及对新机会的想法。请问您现在方便吗?"

话术4:"您好,我是××公司的猎头顾问。在您的简历中,我注意到了您在相关领域的专业知识和技能。目前,我们有一个职位空缺,我想了解一下您是否对此职位有兴趣,我们深入讨论一下?"

以上开场白话术仅供参考,具体的话术可以根据具体情况进行个性化调整。同时,要保持语气友好、专业,并尊重候选人的意愿。

话术要点解析

猎头顾问的开场白话术,需要具备以下4个关键点。

1. 友好而专业。猎头顾问在沟通过程中,尤其是第一次电话沟通中,一定要以友好而专业的态度与候选人交流。首先通过礼貌的语言和轻松的口吻打破僵局,然后以专业的方式进行自我介绍。

2. 简洁明了。第一次电话沟通切记要简洁明了,强调职位的重要性和公司的优势,并快速吸引候选人的兴趣。

3. 询问式沟通。猎头顾问在第一次电话沟通中通常应采用询问式沟通方法,从而快速了解候选人对职位的兴趣、工作经验、职业规划等问题,从而更好地了解候选人的背景和能力。

4. 开放式结尾。猎头顾问在结束初次电话沟通时,通常应使用开放式的结束语,询问候选人是否有任何问题或需要进一步了解的信息,以鼓励候选人积极参与接下来的沟通。

自我训练

根据个人实际情况设计 5 条开场白话术,要遵循话术解析中的 4 个关键点,并记录沟通效果,从而进一步优化开场白话术,见表 7-1。

表 7-1 话术训练表

开场白话术
话术 1:
话术 2:
话术 3:
话术 4:
话术 5:
实战笔记
话术 1:
话术 2:
话术 3:
话术 4:
话术 5:

7.3 候选人沟通意愿不强时，猎头的应对话术有哪些？

猎头顾问第一次跟候选人打电话、进行开场白沟通时，经常遇到候选人挂断电话、拒绝沟通、沟通意愿不强等情况。虽然这些是很常见的情况，但往往会让猎头顾问非常郁闷。

1. 您好，我是猎头××，专注…… 候选人：我不考虑。
2. 您好，我是猎头××，专注…… 候选人：给多少钱？
3. 您好，我是猎头××，专注…… 候选人：你怎么找到我的？
4. 您好，我是猎头××，专注…… 候选人：我很忙，你赶紧说，5分钟之后我要去开会了。

……

相信每一位猎头顾问对于上述扎心的场景都应该非常熟悉，但是我们不要抱怨，而是要找到解决办法。我想跟大家分享两点：**一个是心态，另一个是应对话术。**

俗话说，你永远不知道别人在想什么。作为猎头顾问，即便准备工作做得再好，也不可能详细了解候选人的实际情况，候选人怎么回答，是什么样的态度……这些猎头顾问都是无法控制的。所以，猎头顾问遇到这样的场景或者棘手的问题，不要纠结，更不要较真。

心态上不纠结，并不意味着不行动。即使候选人不合适，或者候选人不考虑，也不要轻易挂电话，或者表示先加微信之后再联系。前期没有互动和沟通，加了微信，候选人大概率也不会回复。加微信这一步是必不可少的，但是要建立在与候选人进行沟通的基础之上。

当候选人沟通意愿不强时，建议采取迂回式沟通话术，从以下两个点切入。

1. 专业角度，比如，客户及岗位分析、候选人职业期望、候选人职业指导（简历撰写建议），等等。

2. 从候选人简历中分析对方可能关注的话题点，以此调动候选人的沟通兴趣。

具体话术如下。

话术1："没关系，我简单和您分享一下A公司的情况，您可以做些了解……"

解析：当候选人表示不考虑岗位机会时，猎头顾问要站在候选人的立场和角度思考并表示理解，这是双方建立信任关系的前提，而不是强迫或试图推销。之后猎头顾问要提供价值，表示愿意与候选人分享信息或岗位机会，一般情况下都不会被拒绝。通过信息和岗位机会的分享，可以激发候选人的好奇心，并可能让他们开始考虑这个岗位机会是否与自己的兴趣、目标相符。

话术2："我是猎头顾问××，专注自动驾驶领域。我们合作的客户有A、B、C、D公司……"

解析：将猎头顾问手头的资源列出来，如果候选人有兴趣就会作进一步沟通。

话术3："这么坚决啊？听说你们公司很多人都在考虑岗位机会，您为什么这么忠诚呢？这个岗位机会的薪酬待遇都挺不错的。"

解析：强调候选人同事都在寻找岗位机会，从薪酬待遇方面刺激候选人。

话术4："我看您之前在研究院工作了8年，选择跳槽出来真的很有勇气。看您的简历，最近两年好像发展得不是很顺利，请问您遇到什么问题了呢？我可以从专业角度帮您分析。"

解析：对候选人表示肯定，同时从候选人目前遇到的问题切入，提供专业建议。无论候选人是否考虑岗位机会，猎头顾问都要有意识地跟候选人要一份简历，便于对候选人进行全面的了解，也方便后续的沟通和推荐。

话术 5："我是专注自动驾驶领域的猎头顾问，我们合作的客户有 A、B、C、D 公司。您可以把个人信息发我一份，方便我对您有一个更全面的了解，以便后期有合适的机会时及时跟您沟通。"

解析：当候选人明确表示暂不考虑岗位机会时，猎头顾问也要向候选人要一份详细的个人信息，便于日后的沟通和推荐。

自我训练

回忆自己在实际工作中被候选人拒绝的情况，根据本节所学内容设计话术，并记录实战效果，看是否赢得了与候选人进一步沟通的机会，见表 7-2。

表 7-2 话术训练表

候选人拒绝时的应对话术
话术 1：
话术 2：
话术 3：
话术 4：
话术 5：

续表

实战笔记
话术 1：
话术 2：
话术 3：
话术 4：
话术 5：

7.4 候选人面试评估的"5 对标"与"10 沟通"

第一节曾提到，在猎头顾问对候选人进行面试评估的四个维度中，对猎头顾问来讲最重要的维度，也是最体现专业性的就是岗位胜任力和候选人职业状态这两个维度。

这里我将岗位胜任力的评估称为"5 对标"，如图 7-5 所示。

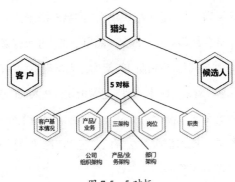

图 7-5 5 对标

猎头顾问作为第三方职业顾问，客户和候选人对猎头顾问来说都是非常重要的。"5对标"指的是了解客户以下5个方面的信息。

一、客户基本情况

1. 公司成立时间、公司性质、发展历程、目前发展阶段、人员规模、公司文化及价值观。

2. 创始人及中高管团队背景。

3. 公司近3年的业绩增长情况、去年销售额、今年目标销售额、未来3～5年目标销售额及战略发展规划，等等。这些信息一般通过公司官方渠道去了解，大部分与公司战略和发展方向有关。

二、产品/业务

公司的主要盈利产品、业务模式等。这些信息一般可以从公司基本情况介绍中获得。我之所以把这个内容单独提出来，是因为产品和业务在候选人评估中是一个非常重要的指标，单独提出来，目的是引起重视。

三、三架构

公司组织架构、产品/业务架构、部门架构。

公司的组织架构一般按级别进行设置，包括创始人/老板、总经理、副总经理、总监、经理等。

产品/业务架构：核心业务板块架构、产品架构或者区域架构。比如，公司主要分5大业务线事业部、3大产品事业部、8大区域架构。

部门架构：就是岗位所在部门的架构、人员配置、角色分工。比如，市场部门包括品牌、营销、媒体策划、运营板块；技术部门分为硬件技术、软件技术，或者负责A产品软件、A产品硬件。尽管工作内容比较交叉，即使部门名称相同，比如都叫算法部门，但部门工作内容的划分在不同的公司，通常也是不一样的。

四、岗位

这是客户委托给猎头顾问的具体岗位，包括岗位所属部门。

五、职责

这是这个岗位具体的工作内容，负责什么产品，要解决什么样的问题。

猎头顾问在进行候选人面试评估的时候，可以有针对性地进行评估，以确保评估的内容与客户的需求相对应，避免无效沟通。

这里我将职业状态的评估称为"10 沟通"，如图 7-6 所示。

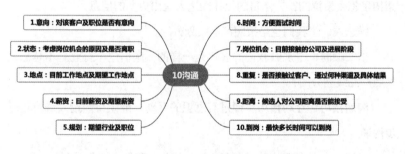

图 7-6　10 沟通

以上 10 个方面可以帮助猎头顾问了解候选人的职业状态，从而确定候选人与客户岗位需求的匹配度。其中，每一项内容都能判断或者说明一定的问题。

7.5　猎头顾问与候选人沟通的 3 大经典场景

将信息置于具体的场景中，往往更有助于理解和记忆。本章的最后一节中，我将列举几个猎头顾问与候选人沟通时经常遇到的场景，来帮助读者进一步巩固本章内容。

场景1：了解三架构

猎头顾问："我们这个客户的业务架构是这样的，公司主要按产品分为三个事业部，分别是钻石事业部、蓝宝石事业部和祖母绿事业部，每个事业部下面再按照区域进行划分，全国共分为4个大区，分别是东区、西区、南区、北区。请问咱们公司的业务架构是怎么设置的？"

沟通技巧：先抛后引。先抛出客户业务架构的信息，然后再引导候选人回答其所在公司的业务架构。

沟通技巧：开放性问题。提出开放式问题，"请问咱们公司的业务架构是怎么设置的？"，目的是让候选人说出更多的信息。

候选人："我们也是按照产品线划分的。"

猎头顾问："那跟我们的客户是一样的，咱们这个行业是不是都是按照产品线划分的？"

沟通技巧：互动技巧。通过有意识的互动，继续与候选人进行进一步沟通。

候选人："大部分是，也有一部分是单一产品，按职能划分。"

猎头顾问："那咱们公司区域是如何划分的？哪些区域做得比较好？您负责哪个区域？去年做到了多大规模？"

候选人："我们主要分两个大区——南区和北区。我在北区，北区做得不如南区好，我们去年才做了8000多万元。"

猎头顾问："那也不错了，在目前这样的形势下能够做到这样的业绩，挺难得的。"

场景2：了解薪酬

候选人："这个岗位的薪酬有多少？"

猎头顾问："我跟您分享一下客户这边的薪酬架构：基本薪水，13

个月，每个月有 5000 元的关键绩效指标奖金，年终奖是根据公司的业绩情况，在"13 薪"的基础上会额外增加 2～3 个月的奖金。您目前的薪酬情况是怎么样的？**（开放性沟通）**"

候选人："我的年薪是 50 万元，不高，一直没涨，所以我想找一找岗位机会。"

猎头顾问："按照您的经验和背景，50 万元年薪在市场上的确不高，我能理解您为什么想寻找岗位机会了。"**（共情）**

猎头顾问："50 万元年薪具体是怎样的结构？每个月税前具体是多少？"

候选人："我们公司的薪酬结构简单，就是 50 万元年薪，'13 薪'。"

猎头顾问："那就是每月税前 4 万元左右？"

候选人："是的，42000 元左右。"

猎头顾问："您认为我们客户这边的薪酬怎么样？"

场景 3：了解部门架构及人数

猎头顾问："张先生，你们公司的算法技术投入力度怎么样？有多少人在做？算法研发的成本可不低呀。"**（开放性沟通）**

候选人："我们投入不多，主要还是侧重传统研发领域，算法领域就 4～5 个人。"

猎头顾问："那确实不多，请问这几个人是如何进行分工的，是按照产品还是技术划分的？您专注哪个方面？"**（开放性沟通）**

候选人："我们是按照技术划分的，包括架构、图像处理、算法研发。我负责图像处理。"

自我训练

回忆一下自己在实际工作中与候选人沟通的场景,然后用前面提到的5种沟通技巧重新组织语言,感受具体效果,并在实际工作中反复练习。

沟通场景1:_____

沟通技巧:_____

具体话术:_____

沟通场景2:_____

沟通技巧:_____

具体话术:_____

沟通场景3:_____

沟通技巧:_____

具体话术:_____

第 8 章

候选人试用期跟踪全流程及话术

候选人试用期跟踪是猎头服务八个一级流程中的最后一环。猎头服务八个一级流程中的薪资沟通与背景调查环节的话术并非核心内容(这两部分涉及的知识性内容比较多,话术相对不是很多。在最后一章中,会进行薪酬部分的话术举例和解析),本章重点介绍候选人试用期跟踪过程中涉及的具体问题以及应对话术。

8.1 导致候选人试用期离职的 8 个因素

对于猎头顾问来说，试用期跟踪是非常重要的一项收尾工作，它直接关系到整个服务链的成败。

在具体讲解之前，我想先盘点一下候选人试用期离职的原因，无外乎两种情况：主动离职和被动离职。

如果候选人是主动离职，那么大概率是企业的原因。反之，如果是被动离职，问题则往往出在候选人身上，比如，工作能力不足、性格缺陷、严重违纪违规等。

综合看来，主要有 8 个因素会导致候选人试用期离职，如图 8-1 所示。

图 8-1 候选人试用期离职的 8 个因素

以上 8 个因素是容易导致候选人在试用期离职的主要原因，也是猎头顾问应该跟踪和关注的方向。可以说，如果猎头顾问能及时发现问题，做好候选人试用期跟踪工作，就能在一定程度上大大降低候选人离职的概率。

那么，猎头顾问如何做好试用期跟踪，让候选人安心工作，并且同时顺利完成自己的业绩呢？根据我个人这些年亲历的候选人试用期内离职案例，我总结了以下几个跟踪技巧与话术，如图 8-2 所示。

第 8 章 候选人试用期跟踪全流程及话术

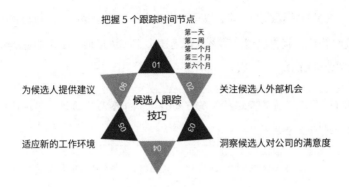

图 8-2　跟踪技巧与话术

1. 把握 5 个跟踪时间节点

猎头顾问一定要记住，从候选人入职的第一天就要行动起来。通常情况下，跟踪行动的时间节点为：入职第一天、第二周、第一个月、第三个月、第六个月。

在跟踪工作上一定要主动，如果等到候选人或客户通知猎头顾问的时候，就已经晚了。

话术："××您好，您今天正式到公司上班了，手续办得是否顺利，劳动合同签了吧，今天做了哪些工作？"

分析：猎头顾问一定要在上述 5 个时间节点主动与候选人联系，以便更全面地掌握相关信息。

2. 关注候选人外部机会

一般来说，有寻找岗位机会想法的候选人，不会将鸡蛋放在一个篮子里，通常会同时接触几家猎头公司。即使候选人已经入职了，其他猎头公司也会抛来更好的机会，导致候选人重新选择。

为了打消候选人"骑驴找马"的念头,猎头顾问可以通过巧妙的话术及时补位,晓之以理、动之以情地摆事实、讲道理,尽可能说服候选人安心入职工作。

话术1:"您目前是否还接触了一些公司,并参与了面试?您对这些职业机会有什么看法?"

话术2:"在您目前接触的公司中,是否有一些您特别感兴趣的职业机会?您是如何排列这些机会的优先级的?"

分析:猎头顾问要积极了解候选人的外部机会,这样才能占据主动,积极调整自己的策略。

3. 洞察候选人对公司的满意度

通常在入职一个月,候选人对公司各方面有了初步的了解之后,如果工作内容、领导风格等方面跟候选人的期望不相符的话,他们很容易动摇,产生走人止损的念头。

对于猎头顾问来说,跟踪的难点在于,有些候选人即使有了离职的想法,可能也不会轻易透露给HR或者猎头顾问,毕竟他们还在公司上班。

对此,猎头顾问可以采用逆向思维进行判断,如果从沟通中得知候选人对公司高度认可,那么基本上问题不大;反之,如果候选人表达得模棱两可,这时猎头顾问就要提高警惕了。

话术:"张先生,您进入公司1个月了,对公司和直接上级感觉怎么样?跟自己预期的有哪些不同?"

分析:猎头顾问可以通过询问候选人对公司领导的评价,了解他们的感受是否符合预期,进而判断候选人对公司的满意度。人际关系是一个很重要的判断标准，尤其是候选人与上级的关系，如果不符合候选人的心理预期，猎头顾问一定要重视起来。

4. 务必双向沟通

这一点往往是最容易被猎头顾问忽略的。猎头顾问在把候选人的动态和想法传递给公司 HR 的同时，务必同时也要"跟踪"HR，了解人力资源部门与公司业务部门对候选人整体表现的客观评价，使双方信息保持一致。

同时，猎头顾问应该建议 HR 跟候选人谈话、了解情况，不能存在人选招聘进来就丢给业务部门不管不顾的现象。

接下来分享一个案例。

候选人李先生是一名 AI 资深算法工程师，入职公司一周后，在接受我们公司顾问的回访时，候选人抱怨公司算法技术是外包出去的。

我们的顾问第一反应是不可能，于是立刻将信息反馈给 HR，HR 表示算法是公司的核心技术，不可能外包出去。于是，HR 决定马上跟候选人沟通解释。原来，业务领导让候选人找外包公司，是打算分包一部分传统的测试技术。

虚惊一场，一场误会也就此解开。如果我们的猎头顾问没有及时跟踪，这笔单子很可能就会泡汤了。

5. 适应新的工作环境

猎头顾问要提醒候选人适应新环境，不要用上家公司的工作模式来与新公司比较。要跟候选人多沟通，提醒他们，可能是因为领导很忙，还没时间安排工作任务，建议候选人主动找领导沟通，从而避免候选人产生消极的想法，比如"领导不重视我"。

话术:"在试用期内,您是否能够适应新的工作环境和工作要求?是否有任何需要我们协助解决的问题?"

分析:对于一些候选人来说,如果对新环境不适应,也会造成试用期离职的情况。所以猎头顾问可以询问候选人对新环境的适应情况,从而提供相应的帮助。

6. 为候选人提供建议

在候选人入职之后,猎头顾问在跟踪的时候,要多给候选人提建议,比如,学会观察、重视日常的工作汇报、遵守公司的规章制度、保持谦虚的态度、多跟同事沟通,等等。这些建议在一定程度上能解决候选人刚进入一个新环境时面临的困境。

另外,候选人在试用期内也可能遇到个别无法抗拒的因素,比如,出差、外派、个人家庭变化,等等。猎头顾问都应该根据实际情况为候选人提供专业的建议。

话术:"如果您在工作中遇到困难,不方便与公司沟通的话,可以直接联系我,我来帮您沟通协调。"

分析:候选人由于初来乍到,很多时候不方便与公司直接沟通,这时猎头顾问就可以起到沟通协调的作用。

总之,猎头顾问一定要重视候选人试用期跟踪这一环节,避免"收钱走人",给客户、候选人及公司造成损失。除此之外,再分享几个话术模板,猎头顾问可以作为参考。

模板1:了解候选人入职后的工作情况

"您好,我是猎头××。我们很关注您在新公司的适应情况,请问您在开始的_____(时间点,如一周、一个月、三个月)内遇到了什么挑战?对公司的文化和团队有什么感受?"

模板 2：持续关注候选人的表现

"我们十分关注您的工作表现和成就，能否与我们分享一下您在试用期内所取得的进展和成果？"

模板 3：解决潜在问题和困扰

"如果您在试用期遇到了任何问题或困扰，我们将竭尽全力提供帮助和支持。请告诉我们您目前是否需要任何帮助或建议？"

模板 4：提供反馈和建议

"我们期待听到您对公司和工作环境的反馈。如果您有任何建议或想法，我们将非常乐意倾听并提供解决方案。"

自我训练

1.结合实际工作情况，按照以下 5 个时间节点进行话术沟通训练，并且根据候选人的反馈，总结出一套适合自己的话术，见表 8-1。

表 8-1 话术训练表

时间节点	具体话术
入职第一天	
入职第二周	
入职第一个月	
入职第三个月	
入职第六个月	

2.当候选人在试用期关注外部工作机会时，作为猎头顾问，需要设计一套或几套话术，彻底打消候选人的念头，见表 8-2。

表 8-2 话术训练表

序号	具体话术
话术 1	
话术 2	
话术 3	

3. 如果候选人在试用期对公司不满,此时猎头顾问应该怎么说?请设计一套话术。

8.2 候选人被外部工作机会诱惑时,猎头顾问应该怎么说?

即便候选人拿到了 offer,也不能说明此单 100% 成功了。因为候选人一旦决定寻找外部工作机会,会通过多种渠道接触到很多机会。同时,候选人在离职交接的过程中,也可能面临竞业禁止协议、项目走不开、领导挽留等很多不确定的因素。所以候选人拿到 offer 后,还会面临外部工作机会诱惑的风险。这里介绍几种应对方法。

● 在面试或初次沟通中,猎头顾问可以询问候选人的职业目标和长期规划。如果候选人提到正在寻找其他工作机会,可能意味着他们目前正面临外部工作机会的诱惑。

● 在沟通中,猎头顾问要注意候选人是否频繁提到他们正在参加其他面试,这同样意味着他们正在积极寻找其他工作机会。

- 追踪候选人的在线活动。通过社交媒体或专业网站追踪候选人的状态，如果他们频繁更新或分享与职业发展相关的信息，或者与其他公司有互动，都可能表明他们正在考虑其他工作机会。
- 与候选人建立信任关系。这是洞察候选人是否面临外部工作机会诱惑的关键，只有建立信任，才可能与候选人进行深入对话，才有机会了解他们是否对当前职位充满热情，或者是否正在考虑其他工作机会。

准确洞察候选人是否面临外部工作机会的诱惑，有助于猎头顾问制定招聘策略，吸引并留住合适的候选人。根据以往的经验，我总结了以下3条话术。

话术1："您之前已经在接触的那些offer现在进展到哪个阶段了？需不需要我帮您分析一下？"
解析：上述话术以询问候选人是否有其他offer可供选择作为切入点，从专业角度帮助候选人分析各个offer的优缺点，帮助候选人做出最终决定。

话术2："客户这个岗位挺着急的，如果您后续还有其他选择的话，客户会比较被动，请问您是否已经决定放弃其他offer，准备来客户公司上班？"

话术3："对于客户的这个岗位，您还有哪些顾虑吗？我帮忙去协调一下。"
解析：通过上述话术可以得知候选人的顾虑，并进一步了解具体的顾虑因素，如薪酬、岗位或直接上级等，有助于猎头顾问帮助候选人解决问题。

总之，猎头顾问要善于洞察候选人是否面临外部工作机会的诱惑，进而通过适当的话术技巧尽可能了解候选人目前手头上的外部工作机会的情况，降低后续拒绝offer的概率。

自我训练

假设候选人正面临外部工作机会的诱惑,请设计几套话术巧妙引导候选人,并根据候选人的反馈不断进行调整,见表 8-3。

表 8-3 话术训练表

序号	具体话术
话术 1	
话术 2	
话术 3	

8.3 候选人离职交接时,猎头顾问应该怎么说?

中高端人才是企业发展的中流砥柱,甚至可以说关系到企业的前途命运。所以,当这些优秀人才向企业提出辞职时,企业往往都会想尽办法挽留,甚至设置障碍。

作为猎头顾问,如果你的候选人在离职交接阶段遇到了问题,一定要及时处理,避免"煮熟的鸭子飞了"。

当候选人做离职交接时,猎头顾问一定要提醒候选人注意以下 4 点内容。

1. 提醒候选人,至少提前一个月提出离职,而且要以公司规定的形式提交辞呈,如发送正式邮件或者通过企业协同办公系统提交,总之一定要走正规的离职流程,做到职业、合理、合法。同时,要告知候选人遵守离职规定，如提交书面离职申请、完成相关手续等，这样可以确保离职过程的顺利进行。

2. 提醒候选人，与上级领导和同事进行充分的沟通交流，明确离职交接的具体安排、工作交接的内容和时间等，以确保离职交接的顺利进行，并且减少不必要的误解和冲突。

3. 提醒候选人，根据工作交接的要求，制订详细的工作交接计划，包括交接内容、交接时间、交接人员等，以确保候选人的工作能够被顺利地接手。

4. 提醒候选人，确保信息保密。如果离职员工的工作涉及企业的机密信息，应确保交接过程中的信息安全，避免信息泄露。

另外，在离职交接过程中猎头顾问应密切关注重要节点，及时跟进候选人的交接进度，以了解候选人在离职过程中可能遇到的问题。

在跟踪候选人离职的过程中，会涉及一些话术，示例如下。

话术1："你们公司离职审批流程是通过企业协同办公系统发起还是以邮件形式发起？您已经正式发邮件了吗？"

解析：提醒候选人要按照公司规定的正式流程提交辞呈。

话术2："离职交接还顺利吗？现在交接到哪一步了？大概还需要多少天能交接完成？"

解析：在每一个时间节点，了解候选人离职交接的进度，从而做好全面的把控。

话术3："如果您离开公司，您觉得对公司的业务或者项目会有哪些具体的影响？"

解析：了解候选人离职对公司业务造成的影响，可以判断出候选人对于公司的重要性，从而预判离职过程中可能遇到的阻碍，提前帮候选人做好分析，并提供解决方案。

话术4："根据您的判断，如果您离职的话，这个岗位公司会做怎样的安排？是选择内部提拔还是外部招聘？"

解析：如果候选人回答内部提拔，猎头顾问可以进一步挖掘继任者的信息；如果是外部招聘，猎头顾问可以关注相关人选。

总而言之，任何时候都要有预见性思维，做最坏的打算，做最足的准备。

8.4 候选人遇到领导挽留，猎头顾问应该怎么说？

前面说过，中高端人才提出离职，公司往往是会挽留的，不会轻易让其走人。一方面是出于惜才，另一方面是为了保持公司稳定，挽留有时只不过是公司的缓兵之计，所以当候选人遇到领导挽留时，猎头顾问需要了解以下3种情况，如图8-3所示。

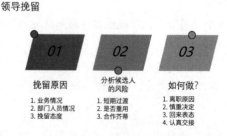

图8-3 遭遇领导挽留时的注意事项

猎头顾问一定要提醒候选人，在离职交接的过程中，针对领导的挽留要谨慎处理，首先要提醒候选人判断领导的意图。

话术：“如果您提出离职的话，您觉得领导的真实想法是怎样的？他是会象征性挽留、极力挽留还是爽快答应？”

分析：提醒候选人关注领导的想法，有助于猎头顾问更好地做出判断，从而为候选人提供实用性建议。例如，当候选人的领导极力挽留时，有些候选人在这方面并没有太多的经验，作为有经验的猎头顾问，要及时给候选人一些指导与建议。比如，根据候选人公司的业务情况、部门人员分工情况以及领导的态度等因素为候选人详细分析领导挽留他的真实原因。

如果候选人遇到领导挽留时拿不定主意，这时猎头顾问要帮助候选人分析，如果留下来会遇到哪些风险。如果领导挽留候选人的目的是短期过渡，猎头顾问就要提醒候选人考虑在这家公司长期发展的可能性，帮助候选人分析未来职业前景存在的风险。

话术：“您可以结合公司现阶段的情况判断一下，领导极力挽留您，是否因为现阶段不好招人？如果您最终选择留下，未来是否会得到更好的发展机会？”

分析：猎头顾问要帮助候选人分析可能面临的风险。例如，如果领导挽留候选人的目的只是短期过渡，那么猎头顾问就可以进一步推动候选人的离职。

此外，猎头顾问要提醒候选人做好离职交接，以及尽可能与公司好聚好散，以免未来在和"老东家"继续合作时遇到麻烦。

同时猎头顾问也要对候选人最终是否会被领导挽留做出预判，从而着手储备替代人选。

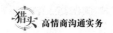

自我训练

请根据自己工作中的实际情况,设想在候选人离职交接时,作为猎头顾问应该怎样沟通。

1. 得知候选人准备离职时,提醒候选人离职时间、离职流程时应该怎么说?

_____

2. 假设候选人准备与领导谈离职,请帮助候选人设计几套话术。

话术 1:_____

话术 2:_____

话术 3:_____

8.5 中高端人才离职的"232 现象"及"136 现象"

本章的最后一节虽然不涉及具体话术,但其内容却非常重要。从事猎头工作数十年,在与大量公司的沟通过程中,我发现普遍存在一种现象:虽然公司一直在招兵买马,但总觉得无良将可用。

无论是公司的老板还是 HR,经常会有这样的抱怨:

- 公司战略清晰、方向明确,但就是缺少得力干将推动、执行;
- 公司内部无人可用;
- 长时间招不到合适、匹配的人选;
- 中高端候选人不断流失。

……

可以说，当下不少公司在核心人才储备的问题上可谓是"内忧外患"，一方面面临随时可能失去老员工的风险，另一方面又难以有效补充新人。

中高端人才的离职有什么规律吗？以我的从业经历来看，中高端人才的离职规律可以总结为以下 3 点。

1. 三个常见的离职高峰期，如图 8-4 所示。

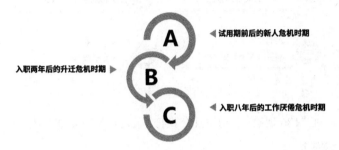

图 8-4　离职高峰期

2. 员工离职的"232 现象"，如图 8-5 所示。

两周
员工刚到公司两周就辞职，原因 100% 是招聘时欺骗了他，发现与应聘时介绍的完全不同,于是提出辞职。

三个月
工作三个月之后，员工发现 HR 在招聘时存在夸大描述的问题，这时他就会重新思考是走还是留。

两年
工作两年之后，员工希望能上一个台阶，希望得到学习新知识、新技能的机会，想要升职或者进行工作轮换。这时候，如果公司不能提供相应的机会，老员工也就留不住了。

图 8-5　232 现象

3. 员工离职的"136 现象",如图 8-6 所示。

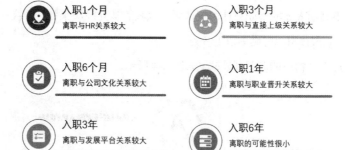

图 8-6　136 现象

针对"136 现象",分享几个我们公司近几年的实操案例。

案例 1

2020 年,一家总部在上海的外资奢侈品公司委托我们访寻一位高级品牌经理,经过近半个月的访寻,最终成功入职了一位候选人张女士。入职 1 个月左右,候选人突然跟我们说已经跟公司提出了离职申请、开始进行工作交接,候选人态度非常坚决,没有商量的余地。

经过沟通,原来候选人在接触客户公司的时候,同时接触了 3～4 家其他公司,其中她最想去的那家公司由于 CEO 在国外,流程比较长,候选人就先接了我们这家客户公司的 offer,现在那家企业流程走完了,决定聘用她。

候选人表示,她比较中意那家企业,虽然薪酬不如我们客户给的高,但是离家比较近,岗位发展空间相对也比较大。

案例 2

客户是一家总部在北京的体制内的房地产公司,委托我们访寻一位成本经理。我们成功推荐了一位候选人陈女士,年薪 40 万元,候选人对

offer 非常满意，还请我们的顾问吃了饭，表示感谢，认为公司比较稳定，待遇也还可以。

可是入职 3 个月后，候选人还是离职了，原因是很难接受直接领导的管理风格，对领导的工作能力和专业度也不认可。

候选人还反馈说，其直接领导属于公司在编人员，有"小心思"，不愿分权，所以不希望成本经理"存活"下去，这两年已有四任候选人被其以各种名义强制离职。

抛开候选人反馈的情况是否真实不谈，至少该候选人的离职跟直接领导有直接的关系。

案例 3

客户：辽宁某乳业合资公司。

推荐岗位：人事总监，徐女士。

任职时间：1 年。

薪酬：年薪 150 万元。

离职原因：入职前对公司的实际情况不够了解，入职后发现公司的利润以及资金状况令人担忧，公司文化与个人职业风格不符，选择休息一段时间。

案例 4

企业：某大型消费品集团。

推荐岗位：集团市场研究副总监，孙先生。

任职时间：1 个月。

薪酬：年薪 110 万元。

离职原因：集团总部和事业部对市场研究的重要性看法不一致，工作开展受限。

案例 5

客户：山东某上市地产公司。

推荐岗位：旅游公司总经理，宁先生。

任职时间：1年。

薪酬：年薪120万元。

离职原因：第一，公司目前有3个大股东，内部意见有分歧，项目难推动；第二，目前项目是公司第一个文旅项目，团队不成熟，哪怕是设计方面的小细节也要亲力亲为进行监督，身心疲惫。

虽然每个人和每家公司的情况不同，但这些现象却是真实且普遍存在的。所以，无论是猎头顾问还是公司，都要对此有所了解和准备。

第 9 章

与候选人沟通过程中的 4 个关键场景话术

本章精选了与候选人沟通过程中的 4 个关键场景话术,这些都是猎头顾问工作中最常见的场景。当顾问处于该场景之下时,利用本章所讲的话术,可以有效提升工作效率。

9.1 话术场景1：关于候选人薪酬沟通的话术

候选人进入了 offer 谈判阶段，对于猎头顾问来说，意味着服务进入了非常关键的环节，在此环节中，猎头顾问需要保持中立、专业、诚信和高效。总结下来，就是要遵循以下5个原则。

1. 准备工作。在开始谈判之前，猎头顾问不仅要了解候选人的期望和需求，同时也要清楚客户的职位需求和薪酬预算，这样才能在谈判中更有针对性地提出建议。

2. 建立信任。在谈判过程中，猎头顾问要始终保持诚实和透明，让候选人感受到你的专业性和诚信，这样候选人才能更容易接受你的建议。

3. 明确目标。在谈判开始前，猎头顾问要明确自己的目标，是希望候选人接受客户的 offer，还是希望客户提高薪酬预算以吸引候选人……明确目标，有助于猎头顾问在谈判中关注焦点问题。

4. 提出建议。根据候选人和客户的需求和期望，提出具体的建议，包括调整薪酬、福利待遇、职位职责等。

5. 沟通反馈。在谈判结束后，猎头顾问应及时向候选人和客户反馈结果。如果候选人拒绝了客户的 offer，或者客户拒绝了候选人的要求，猎头顾问需要及时进行沟通，并尝试找到解决方案。

以下是我总结的一个 offer 谈判模型，猎头顾问跟候选人和客户进行沟通协调，基本建立在这个模型框架的基础上，如图9-1所示。

第 9 章 与候选人沟通过程中的 4 个关键场景话术

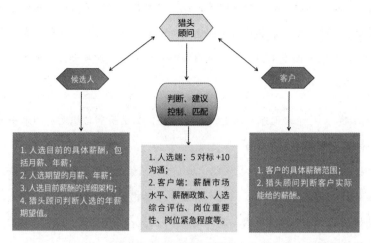

图 9-1 offer 谈判模型

根据这个模型，分享几个业务场景话术。

话术 1："请问您目前的薪酬结构是怎样的？每月税前月薪是多少，每年固定发放多少个月的薪酬？月度、季度、年终奖金是如何考核和发放的？去年您的总年薪是多少？"

分析：这类话术的目的是了解候选人目前详细的薪酬情况，猎头顾问可以开门见山直接问，目的是更好地了解候选人的期望和要求，从而为候选人提供更好的服务。

话术 2："对于客户提供的这个岗位机会，关于薪酬方面您是怎么考虑的？您期望每月具体的税前薪酬以及年薪是多少？"

分析：针对特定的职位机会，询问候选人对薪酬的具体要求，有助于猎头顾问更好地与客户沟通。

话术 3："您目前的公积金是怎么缴纳的？对于新的职位机会，在公积金方面是否有特殊的要求？"

分析：探询候选人的公积金缴纳方式，了解其对新职位机会公积金方面是否有特殊要求，能够让猎头顾问避免做无用功。因为不同公司在公积金缴纳标准方面是不同的，如果与候选人的期望值相差太大，会对谈判造成很大障碍。

话术4："对于我们客户的这个职位机会，如果薪酬与您之前的水平相当的话，您是怎么考虑的？"

分析：猎头顾问可以针对特定职位机会，询问候选人对薪酬不变的看法。如果薪酬没有提升，很多候选人就没必要考虑新的职位机会。但候选人选择关注职位机会的原因各不相同，如果猎头顾问能够问出真实原因，即便是薪酬没有提升的职位机会，也可以进行推荐。

话术5："结合市场行情、客户公司的薪酬情况以及您目前的薪酬，我建议您的期望薪酬控制在60万元左右比较合理，您觉得呢？我之前推荐过一个候选人，跟您的情况类似，最终薪酬是58万元……"

分析：猎头顾问应该结合各项因素客观分析之后，为候选人提供合理的建议。猎头顾问还可以通过实例进行说明，以供候选人进行参考。

自我训练

根据自己的实际工作情况，结合offer谈判模型，设计两套与客户、候选人沟通的话术，见表9-1。

表9-1 话术训练表

序号	与客户沟通话术
话术1	
话术2	

续表

序号	与客户沟通话术
话术 3	
话术 4	
话术 5	
序号	与候选人沟通话术
话术 1	
话术 2	
话术 3	
话术 4	
话术 5	

9.2　话术场景 2：关于客户薪酬沟通的话术

根据 offer 薪酬谈判模型，猎头顾问还需要详细了解客户公司的薪酬情况，这样才能更有效地进行 offer 的沟通谈判与协调。

猎头顾问了解客户薪酬情况的方式，主要有以下 4 种。

1. 直接与客户沟通。猎头顾问可以与客户直接沟通，询问目标职位的薪酬范围、薪酬结构、激励机制以及福利政策等信息。这需要猎头顾问具备较高的沟通技巧。

2. 搜索相关信息。猎头顾问可以通过互联网、社交媒体等渠道搜索客户公司的薪酬信息。这要求猎头顾问具备信息检索和筛选能力。

3. 参考同行业数据。猎头顾问可以通过参考同行业公司的薪酬数据推测目标公司的薪酬情况。这需要猎头顾问对行业有一定了解，以及比较丰富的经验。

4. 利用第三方资源。猎头顾问可以通过第三方机构或咨询公司获取目标公司的薪酬信息。

无论采用哪种方式,猎头顾问都需要保持专业性和诚信,同时还需要根据目标职位的要求和候选人的能力评估合理的薪酬范围,为候选人提供准确的薪酬建议。

在以上4种方式中,直接与客户沟通公司的薪酬信息显然是最直接、最有效的,同时也是难度最大的,需要利用巧妙的话术进行询问。以下分享4条常用的话术。

话术1:"针对这个岗位,咱们公司的薪酬范围、薪酬结构、激励机制以及福利政策具体是什么情况?"

话术2:"咱们公司给这个目标候选人定的薪酬标准是怎样的?"或者"您是否可以提供这个职位的薪酬范围?"

分析:这种直截了当的询问方式,一般在猎头顾问与客户比较熟悉的情况下使用。在这种情况下,猎头顾问可以直接询问对方公司的薪酬范围、薪酬结构、激励机制和福利政策。这是一种最直接也是最有效的方式,然而由于涉及隐私信息,很多客户并不会提供全面翔实的信息,这就需要猎头顾问在实战过程中不断精进话术,通过旁敲侧击的方式尽可能了解更多信息。

话术3:"这个薪酬范围包括哪些组成部分?是否有绩效奖金、股票、期权等激励机制?"或者"除了基本的薪酬之外,还有哪些福利政策?"

分析:与客户深入探讨公司的薪酬构成和福利政策时,猎头顾问一定要尽可能全面地考虑问题。因为有些时候并不是客户不愿告知,而是想不到那么多,所以需要猎头顾问一步步引导。

话术 4:"贵公司对于该职位的薪酬标准是怎样的?能否提供一些关于贵公司过去招聘类似职位时的薪酬信息?"

分析:询问客户对于该职位的薪酬标准和过去类似职位的薪酬信息,猎头顾问就可以通过对比了解客户在薪酬方面的惯例,从而确定目标候选人的薪酬范围。

在询问薪酬信息时,猎头顾问需要关注客户的回应,以便更好地了解客户的薪酬情况。如果客户对薪酬范围有顾虑或不愿意提供太多信息,猎头顾问就需要从其他渠道获取信息。

自我训练

根据自己的实际工作情况,设计一套与客户沟通薪酬问题的话术,见表 9-2。

表 9-2 话术训练表

序号	与客户沟通薪酬话术
话术 1	
话术 2	
话术 3	
话术 4	
话术 5	

9.3 话术场景3：候选人拒绝offer的沟通话术

当候选人拒绝公司提供的offer时，猎头顾问不要轻易放弃，应该与候选人进行充分的沟通，并提供可能的解决方案，同时要及时将情况反馈给客户，与公司配合，共同努力挽回候选人。

第一，猎头顾问需要了解候选人拒绝offer的原因，是薪资不满意、工作内容不符合期望，还是通勤距离远等，以便于有针对性地进行下一步的沟通协调。

如果是候选人对薪资不满意，可以与公司沟通能否提高候选人的薪酬；如果是工作内容不符合期望，可以了解候选人的具体要求，看看是否可以与公司进行调整。

即使候选人最终拒绝了offer，也要继续与他们保持联系。猎头顾问可以询问他们是否有其他职业机会的需求，以及对未来的职业规划有何打算。这有助于建立长期的合作关系，并在未来寻找其他适合的职位机会。

第二，猎头顾问需要了解影响候选人进行offer决策的因素，主要有以下几个方面。

● 公司层面：公司文化、价值观、公司战略、管理机制、公司业绩、产品及业务、公司发展前景。

● 老板层面：老板风格、管理方式。

● 直接上级因素：领导风格&管理方式、业务能力、技术能力。

● 岗位：职责、权限、上升通道。

● 薪酬待遇：基本年薪、保险、公积金等福利待遇。

基于以上分析，当候选人拒绝offer时，猎头顾问可以参考以下沟通话术。

话术1："您目前是不是还有其他offer可选供择？我做猎头顾问很多年了，可以从专业角度为您提供一些建议。咱们可以一起沟通、探讨，综合分析一下这些offer，然后再做最终决定，您觉得这样是不是更稳妥？"

分析：猎头顾问可以通过强调自己的专业性，以及能为候选人提供哪些价值，从而争取机会。对候选人来说，在对自身利益没有损失的情况下，他们往往愿意听取专业建议。

话术2："您对这个offer的主要顾虑是什么？是薪酬、岗位，还是直接上级的因素？"

分析：当候选人拒绝offer时，猎头顾问要引导候选人说出具体原因。一般都是因为候选人对offer心存顾虑，其中薪酬、岗位、上级领导都是主要因素。

话术3："从跟您的沟通过程中，感觉您对这个职位机会整体比较满意。但您似乎有些顾虑，是不是因为家庭原因？家人不支持您的选择？他们顾虑哪些因素？"

分析：如果候选人顾虑的原因不是薪酬、岗位、上级领导等因素，猎头顾问还可以根据自己的经验进一步引导。例如，询问是不是因为家庭原因。只有了解了候选人的真实顾虑，才能更好地提供解决方案。

话术4："针对您提到的薪酬和岗位级别，您的具体期望是怎么样的？也就是说，如果客户可以满足这两点，您就一定会接受这个offer吗？"

分析：如果候选人是对薪酬和岗位级别存在顾虑，要让他们说出具体的期望，并且在最后强调一句，如果客户能够满足要求，他们是否一定会接受offer，目的是让候选人做出口头承诺，这就无形中对候选人增加了道德压力，防止他们出现反复的情况。

话术5："客户提供的薪资确实比较低，您拒绝这个机会也很合理，以您的资历完全能够拿到××年薪……虽然您已经拒绝了这个offer，但希望我们还能继续保持联系。如果将来有其他工作机会符合您的期望，我会及时与您联系。"

分析： 猎头顾问首先要对候选人拒绝offer表示理解，之后一定要强调与候选人保持联系，未来有新的工作机会再及时通知候选人。记住，这话并不是说说而已，对于高价值候选人，平时一定要勤联系，即便没有工作机会，也要保持互动。

自我训练

根据自己的实际工作情况，当候选人拒绝offer时，设计一套应对的话术，见表9-3。

表9-3 话术训练表

序号	候选人拒绝offer时的应对话术
话术1	
话术2	
话术3	
话术4	
话术5	

9.4 话术场景 4：与客户沟通 offer 的话术

猎头作为第三方职业咨询顾问，在候选人 offer 谈判的过程中，起着非常关键的沟通、协调作用，尤其是当双方对 offer 有分歧或者候选人对 offer 有顾虑的时候，猎头顾问更应该做好双方的沟通工作。

猎头顾问需要将 offer 信息准确地传递给候选人，并解答候选人的疑问和困惑，确保候选人理解并接受 offer。同时，猎头顾问也需要与客户进行 offer 条款的协商沟通，包括薪酬、福利、工作地点、工作时间和合同期限等，以确保双方达成一致。

即使在候选人接受 offer 后，猎头顾问仍然需要跟进候选人的工作情况和发展动态，及时解决出现的问题，确保候选人顺利适应公司，实现个人与公司的共同发展。

一般情况下，影响客户 offer 的决策因素主要有 12 点，如图 9-2 所示。而这些点便是猎头和公司客户沟通的着力点。比如，客户给出的 offer 是出于哪些考虑，公司是否能提高薪酬从而达到候选人的期望薪酬，或者在工作内容、工作职责、工作地点、薪酬福利等方面做出适当的改变或者让步，等等。

图 9-2 影响客户 offer 的决策因素

以下是与客户沟通 offer 的话术案例。

话术 1:"咱们公司给候选人提供的薪酬,跟候选人目前薪酬基本持平,没有涨幅,候选人有些犹豫。除了薪酬之外,针对这个候选人,咱们还有哪些优势对候选人比较有吸引力?我跟候选人再沟通一下。"

解析:强调薪酬对候选人缺少足够的吸引力,并指出候选人正在犹豫,之后询问客户是否有其他优势吸引候选人。如果客户对候选人比较满意的话,一般会给出更好的条件,猎头顾问也可以借此判断客户的满意度。

话术 2:"咱们这个岗位薪酬定位在 50 万元~80 万元,给这位候选人的薪酬是 48 万元,涨幅不大。我想了解一下公司这样定位是怎样考虑的?也方便我与候选人沟通。"

解析:猎头顾问指出薪酬定位与公司给出的薪酬数字之间的差距,并询问公司定位薪酬的考虑因素,有助于猎头顾问更好地向候选人进行解释。

话术 3:"目前候选人手里还有另外 3 个 offer,他会综合考虑是否接受咱们的 offer,能否让公司领导再跟候选人沟通一下,从公司的发展、产品以及候选人职业发展空间等方面深入聊一下,进一步争取一下候选人?"

分析:提及候选人目前还有其他 offer 可供选择,给客户施加一些压力,进一步提出能否让更高级别的领导出面,这样有助于增强对候选人的吸引力。

话术 4:"候选人对咱们的 offer 比较犹豫,觉得咱们公司的产品在市场上没有太大的优势,短期内很难在市场打开局面。能否针对候选人的这个顾虑,让候选人的直接上级跟他再进行一次深入沟通?"

解析:当候选人在专业方面存在疑虑时,最好的办法就是让直接上级从专业角度与候选人进行深入交流,从而增强说服力。

话术 5:"目前具备这种背景和经历的候选人,在市场上并不多,很多公司都缺这样的人才,而且候选人也有很多选择,咱们能否在薪酬上再提高一些,尽量达到候选人的期望薪酬,这样候选人入职后也会比较稳定一些?"

解析:强调候选人的稀缺性,在人才市场上很抢手,从而说服客户提高薪酬以匹配候选人的期望值。同时强调候选人入职之后的稳定性,这也是客户比较关心的。如果薪酬不能满足候选人的期望,入职后候选人也可能会关注外部工作机会。

自我训练

根据自己的实际工作情况,设计一套与客户沟通 offer 的话术,见表 9-4。

表 9-4 话术训练表

序号	与客户沟通 offer 的话术
话术 1	
话术 2	
话术 3	
话术 4	
话术 5